Helma Sick

Aufgeben kam nie in Frage

Helma Sick

AUFGEBEN KAM NIE IN FRAGE

Warum ich dafür kämpfe, dass
Frauen ihr eigenes Geld haben

Kösel

Danksagung

Die Idee für dieses Buch entstand im Zug von Leipzig nach München.
Susanne Klumpp, die damalige Presseleiterin des Kösel Verlags, und
ich erzählten uns aus unserem Leben – daraufhin zeigte der Verlag
Interesse an meiner Autobiographie. Ich danke Dr. Tobias Winstel
und seinen Mitarbeiterinnen und Mitarbeitern für das Angebot und
für die sehr gute Betreuung. Und sehr herzlich danke ich meiner
Lektorin, Claudia Bitz, die immer ein offenes Ohr hatte für meine
Ideen, meine Einwände, meine Vorschläge, und für die Unterstützung
bei der Bearbeitung schwieriger Kapitel meines Lebens.

Verlagsgruppe Random House FSC® N001967

Copyright © 2018 Kösel-Verlag, München,
in der Verlagsgruppe Random House GmbH,
Neumarkter Str. 28, 81673 München
Umschlag: Weiss Werkstatt, München
Umschlagmotiv: Quirin Leppert
Unter Mitarbeit von Regina Carstensen
Redaktion: Sylvi Schlichter, München
Satz: Vornehm Mediengestaltung GmbH, München
Druck und Bindung: GGP Media GmbH, Pößneck
Printed in Germany
ISBN 978-3-466-34684-4
www.koesel.de

 Dieses Buch ist auch als E-Book erhältlich.

Inhalt

Einleitung

Es war bei einem Vortrag. Kurz vor Beginn kamen zwei Frauen auf mich zu. »Wir sind eigentlich gar nicht hier, um Ihren Vortrag zu hören, sondern weil wir Sie sehen wollten«, gestand die eine. »Ja«, fügte die andere hinzu, »wir wollten im Grunde nur wissen, ob es Sie wirklich gibt.« Ich muss ziemlich verwirrt geschaut haben. Wie kamen die beiden auf die Idee, an meiner Existenz zu zweifeln? Die Frauen erklärten, dass ihre Kinder immer die Zeitschrift *Bravo* gelesen hatten. Dort gab es eine regelmäßige Kolumne eines Dr. Sommer, an den sich junge Leserinnen und Leser wenden konnten. Dieser Dr. Sommer war aber nicht real, sondern die Kolumne wurde von einem Team aus mehreren Redakteurinnen und Redakteuren geschrieben. Das hatte die beiden Frauen auf die Idee gebracht, doch einmal nachzuforschen, ob das bei *Brigitte* und meiner Kolumne eventuell auch so sei. Nun, ich bin eine ganz reale Frau, Inhaberin (mittlerweile zusammen mit meiner Nichte Renate Fritz) des Unternehmens »frau & geld Helma Sick, Finanzdienstleistungen für Frauen«, Mutter, Großmutter, Münchnerin (seit 48 Jahren) und keineswegs eine Fiktion!

Eigentlich hätte die Sache für mich erledigt sein können, aber wenig später war ich zu der BR-Fernsehsendung *Unter vier Augen* eingeladen. Ich sollte mich aber dort nicht nur als Finanzexpertin vorstellen, denn in dieser Funktion sei ich ja bereits sehr bekannt. Aber man wüsste so gut wie nichts über mich privat, wie ich lebe und wie ich wurde, was ich heute bin. Und so erzählte ich dem Redakteur bei einer Vorbesprechung in meinem Büro von meiner schwierigen Kindheit und Jugend in der Nachkriegszeit im Bayerischen Wald. Danach fragte er berührt: »Wie kann man so etwas überleben und dann noch so lebensbejahend sein?«

Zwei starke Kräfte halfen mir, all das zu überstehen:

Einmal eine unbändige Wut über all die Herabsetzungen und Demütigungen, denen ich als Kind und Jugendliche und speziell als Mädchen ausgesetzt war. Und der damit verbundene tiefe Wunsch, es allen zu zeigen.

Und zum anderen war es all das, was ich in meinem kleinen Heimatort von früher Jugend an beobachtet hatte: dass Frauen oft unglücklich ans Haus und an ihren Mann gebunden waren, finanziell völlig abhängig von ihm. Den Mann zu verlassen, ein eigenes Leben aktiv zu gestalten, fiel ihnen meistens nicht einmal im Traum ein. Sie hatten selten einen Beruf und damit auch kein Geld.

Ich aber wollte raus aus diesem Teufelskreis. Nicht nur durch meine persönlichen Erfahrungen, sondern auch durch meine späteren Tätigkeiten wurde mir immer wieder aufs Neue klar, wie wichtig es ist, dass Frauen finanziell unabhängig sind und bleiben.

Ich wollte praktisch etwas für Frauen tun, ihnen Mut machen, nicht aufs Glück zu vertrauen, sondern selbst tätig zu werden. Das ist bis heute so geblieben: Immer noch engagiere ich mich und halte bundesweit viele Vorträge, um diese Botschaft immer wieder zu vermitteln.

Glück und Geld fallen nicht vom Himmel, man muss sie sich erarbeiten. Ich habe nie aufs Glück vertraut, sondern hart gearbeitet und meine Augen aufgemacht. Wenn etwas schiefging, habe ich mich gefragt, was mein Anteil daran war und wie es nun weitergehen könne. Dabei habe ich nie mein Ziel aus den Augen verloren – und das war unter anderem meine Unabhängigkeit.

Vielleicht können Sie von meinen Erfahrungen profitieren. Wenn Sie nach der Lektüre Ihr Leben selbst in die Hand nehmen oder es sich nicht mehr aus der Hand nehmen lassen, hat dieses Buch seinen Zweck erfüllt.

Ehrbare Fassade: Kindheit
im Bayerischen Wald

Nach außen hin waren wir eine ganz normale, ehrbare Familie. Vater Geschäftsmann, Imker und Bienenzüchter, politisch aktiv. Mutter eine tüchtige Geschäftsfrau und Hausfrau, treue Katholikin, der sonntägliche Kirchenbesuch eine Selbstverständlichkeit. Zwei Kinder.

Hinter der Fassade aber lagen Abgründe, normal war gar nichts. Und weil ich im Laufe meines Lebens sehr viele solcher Familienverhältnisse gesehen habe, sehr viel Fassade und Scheinheiligkeit, bin ich zutiefst misstrauisch gegenüber dem gern von konservativen Parteien propagierten Familienbild, das allzu oft nicht der Realität entspricht.

Mein Vater kam 1893 zur Welt, auf einem Bauernhof im Bayerischen Wald, in bescheidenen, aber geordneten Verhältnissen. Er hatte von Geburt an eine unheilbare Muskelschwäche, lernte erst mit drei Jahren laufen und ging zeit seines Lebens an einem Stock. In seinen letzten Jahren war er vollständig gelähmt.

Nach dem Volksschulbesuch versuchte er sich als Pferdehändler. Später, im Ersten Weltkrieg, diente er in der Kavallerie. Ab 1919 engagierte er sich politisch im Bayerischen Bauern- und Mittelstandsbund, einer liberal-konservativen Partei, die sich – für Bayern ungewöhnlich – betont antiklerikal positionierte. Sehr bald entdeckten seine Parteifreunde, dass mein Vater ein begabter und mitreißender Vortragsredner war, und nutzten dieses Talent. Schließlich, im Oktober 1928, wurde er Schriftleiter und Lokalredakteur bei der *Viechtacher Zeitung*.

Mein Vater war nur 1,65 Meter groß, schmal und dunkelhaarig mit einem Oberlippenbart – beileibe kein Adonis, aber trotzdem kam er bei Frauen gut an. Vielleicht, weil er witzig war und charmant und gut reden konnte? Ich erinnere mich noch gut, wie aufgeregt die Nonnen im örtlichen Krankenhaus, wo er regelmäßig wegen seiner Muskelschwäche behandelt wurde, jedes Mal waren, wenn er kam. Ich – damals noch ein kleines Kind – durfte ihn begleiten, bekam von den Nonnen Saft und manchmal ein Bonbon.

Auch bei meiner Mutter kam er gut an. Sie war ein hübsches Mädchen, der altmodische Ausdruck »drall« beschrieb sie gut. Auch sie wuchs auf einem Bauernhof auf, aber im Gegensatz zu meinem Vater in großem Elend. Ihr Vater war Alkoholiker, versoff Hab und Gut. Hunger war Alltag. Auch für ordentliche Kleidung und Schuhe reichte das Geld nicht. Sogar im Winter musste sie häufig barfuß in Holzschuhen gehen. Wie mir erzählt wurde, schlug der Vater, wenn er betrunken aus dem Wirtshaus nach Hause kam, nicht nur seine Kinder, sondern vergewaltigte auch seine Frau. Daraus entstanden fünfzehn Kinder, von denen fünf noch ganz klein starben. Die restlichen zehn, fünf Mädchen, fünf Buben, überlebten irgendwie.

Dieses Elend hielt meine Großmutter nicht aus. Sie wusste keinen Ausweg, wegzugehen war unmöglich, sie hatte keinen Beruf und kein Geld, und es gab auch niemanden, der sie hätte aufnehmen können. Und so nahm sie sich mit fünfzig Jahren das Leben: Sie erhängte sich.

Wie mein Vater auf meine Mutter aufmerksam wurde, weiß

ich nicht, vermutlich durch einen sogenannten »Schmuser«. So nannte man damals Männer, die einen ehrbaren Beruf hatten, sich aber mit dem Verkuppeln Heiratswilliger etwas Geld dazuverdienten. Sie zogen von Dorf zu Dorf, schauten sich die Heiratswilligen an und vermittelten den Kontakt zu potenziellen Partnern. Jedenfalls kam mein Vater eines Tages mit seinem Motorrad in das Dorf meiner Mutter. Er war fünfzehn Jahre älter als sie und ein angesehener Mann: Lokalredakteur der Ortszeitung, das war schon was! Für meine Mutter eröffnete sich durch ihn eine völlig neue Welt; ihr muss es wie ein Lottogewinn vorgekommen sein. Um 1930 herum, genau weiß ich es nicht, heirateten die beiden. Sie bezogen eine Mietwohnung in einer kleinen Marktgemeinde mit Geschäften, einem Krankenhaus und einem Rathaus.

Das Haus, in dem sich die Mietwohnung befand, war groß und hässlich. Alle Räume waren dunkel, kaum ein Sonnenstrahl drang durch die Fenster. Und es war feucht, es roch nach Schimmel. Die Toilette war nur über einen langen, düsteren Gang zu erreichen. Die meiste Zeit hielten wir uns in der Küche auf. Das Wohnzimmer war klein, ein schmaler Schlauch. Saß ich auf dem Sofa, konnte ich zusehen, wie Mäuse an den Wänden entlanghuschten. Manchmal schlüpfte ich in meine Hausschuhe und stellte mit einem Aufschrei fest, dass Mäuse es sich sogar darin gemütlich gemacht hatten. Es reichte doch schon, dass sie im Zimmer herumrannten – dass sie auch noch meine Schuhe okkupierten, ging zu weit!

Nichts an unserer Wohnung war komfortabel, es gab nicht einmal ein Bad, wir wuschen uns in der Küche. Nur in der Waschküche stand eine alte Wanne, in der ich einmal in der Woche baden durfte. Mein Bruder und ich mussten uns ein sehr kleines Zimmer teilen.

Weltfremd?
Hauptsache gehorsam ...

Mein großer Bruder Heribert, das erste Kind meiner Eltern, kam 1933 zur Welt, eine schwere Geburt. Das zweite Kind, wieder ein Junge, wurde einige Jahre später tot geboren. In allen furchterregenden Einzelheiten legte meine Mutter mir später dar, wie schrecklich dieses Erlebnis gewesen sei und dass die Ärzte ihr dringend nahegelegt hatten, keine weiteren Kinder zu bekommen, da sie mit einer weiteren Schwangerschaft ihr Leben riskieren würde. Diese Warnung der Ärzte besprach sie mit ihrem Beichtvater, denn natürlich würde ihr Mann mit ihr schlafen wollen, und wirksame Verhütung gab es zu dieser Zeit nicht, ganz davon abgesehen, dass sie seitens der Kirche unerwünscht war. Der katholische Priester gab ihr in seiner Weltfremdheit – und diese nehme ich der Kirche bis heute übel – den Rat, dass sie dann eben nicht mit ihrem Mann schlafen dürfe. Nur, wie sollte das gehen? Mit meinem Vater jedenfalls ging es nicht, und so kam ich 1941 zur Welt. Ob mich meine Mutter in meinen ersten Lebensjahren mochte, weiß ich nicht. Später jedenfalls machte sie mir das Leben zur Hölle.

Mein Vater ging dafür überaus liebevoll mit mir um. Ich war seine Prinzessin, sein Augenstern. Er kümmerte sich um alles, was mich betraf, las mir vor, nahm mich mit zu seinen Bienenvölkern. Erst ein halbes Leben später sollte ich der Wahrheit über all das, was da wirklich zwischen meinem Vater und mir abgelaufen war, auf die Spur kommen. Denn seine Liebe zu mir war keine reine Vaterliebe. Aber ich hatte die Geschehnisse so tief in mir vergraben, dass jahrzehntelang

nichts davon an die Oberfläche trat. Bis zu dieser späten Erkenntnis war meine Welt übersichtlich: Meine Mutter war die
Böse, mein Vater der Gute.

Ein Geschäft zum Überleben

Aus alten Unterlagen, in Sütterlin verfasst (diese Schrift
musste ich in der Schule noch lernen), konnte ich entnehmen,
dass mein Vater den Bauern- und Mittelstandsbund 1932 verlassen hatte, um Kontakt mit der NSDAP aufzunehmen. Wie
viele andere Leute glaubte er, die Nationalsozialisten könnten drängende Probleme wie hohe Arbeitslosigkeit und Re-
zession lösen, Veränderungen herbeiführen und Wohlstand
für alle bringen. Im Bayerischen Wald, in der Grenzregion zu
Böhmen, war die Armut damals besonders groß, da es keine
Industrie gab, die den kinderreichen Bauernfamilien eine Zukunft versprochen hätte.

Vaters anfängliche Euphorie für die neue Bewegung verflog
aber rasch. Sehr schnell begriff er, wie der Hase lief und wor-
auf das Ganze hinauslaufen sollte. Er war, wie so viele, auf die
falschen Versprechungen und Parolen hereingefallen. Seine
Erkenntnis behielt er aber nicht für sich. Vielmehr sollte jeder
erfahren, wie Anhänger verheizt worden waren, wie sich da
wieder eine Partei an die Macht katapultiert hatte und diese
Macht nun missbrauchte. Da Vater seinen Mund aufmachte
und seinem Missmut in populären und gut besuchten Vorträgen Ausdruck gab, wollte die NSDAP schon ein Jahr später

wegen Disziplinlosigkeit und »politischer Unzuverlässigkeit« nichts mehr mit ihm zu tun haben. Parteimitglied war er nie, so weit war es gar nicht gekommen.

Mein Vater wurde ein erbitterter Nazigegner, und weil er so massiv gegen Hitler und dessen Partei wetterte – nicht nur in örtlichen Versammlungen, sondern auch in der Zeitung, für die er schrieb –, verlor er auf Druck der Kreisleitung der NSDAP seinen Job als Lokalredakteur: Man kündigte ihm, und zwar fristlos. Von einem Tag auf den anderen war er arbeitslos, ohne Einkommen, obwohl er für seine Frau und meinen Bruder Heribert (ich war damals noch nicht auf der Welt) zu sorgen hatte. Weil er seine Arbeit als Redakteur nicht mehr ausüben konnte – ihm war klar, dass ihn wegen der zügig vorangetriebenen Gleichschaltung kein anderes Presseorgan mehr einstellen würde –, kam er schließlich auf die Idee, wenigstens dem Papier treu zu bleiben. Und so eröffnete er einen kleinen Schreibwarenladen mit Briefumschlägen, Tinte, Farbbändern, Farbstiften – und mit Zeitungen.

Meine Mutter hatte mit dem, was meinen Vater umtrieb, wenig zu tun, für Politik interessierte sie sich nie. Hinter dem Ladengeschäft aber stand sie voll und ganz und entwickelte sich tatkräftig zu einer guten und tüchtigen Geschäftsfrau. Aber es machte ihr natürlich Angst, dass die NSDAP in unserer Ortschaft immer mehr Einfluss gewann und dass sie und ihre Familie Anfeindungen ausgesetzt waren. Die örtliche Gruppe der NSDAP wollte meinem Vater nämlich verbieten, das Schreibwarengeschäft zu betreiben. Nur mithilfe einflussreicher Freunde konnte er diese Schikane abwehren. Die Erlaubnis, auch mit Büchern zu handeln, wurde ihm aber wegen politischer Unzuverlässigkeit verwehrt. Mein Vater, schon seit vielen Jahren aktiver Imker, wollte Bienenzuchtartikel verkaufen, um eine kleine zusätzliche Einkommensquelle zu haben. Aber auch dies wurde ihm nicht gestattet. Bei der Gendarmerie stand er an erster Stelle der Verhaftungsliste; er wurde ständig überwacht.

Eine Tochter als perfekte Tarnung

Auf Dauer erwies es sich als unmöglich, in einem klammen, schimmeligen Haus mit Papier zu handeln. Und von einem Laden konnte eigentlich auch keine Rede sein, es war eher ein kleiner Lagerraum. Aber mein Vater hatte treue Kunden und war angesehen in unserem Ort. Deshalb fingen meine Eltern 1946, ein Jahr nach Kriegsende, an, ein Haus zu bauen, ein richtiges Wohn- und Geschäftshaus. Mein Vater plante das schon lange, er wusste, wie sehr seine Ware unter den schlechten Bedingungen litt. Aber während des Krieges hatte ihm die örtliche Bank einen Kredit verweigert – natürlich aus politischen Gründen, niemand hatte ihm Geld leihen dürfen. Nun aber war der Krieg vorbei, die politische Situation hatte sich geändert.

Erspartes hatten meine Eltern kaum, sie mussten also hohe Schulden machen. Noch heute spüre ich die Bedrohung, wenn der Bankdirektor zu uns ins Haus kam und hinter verschlossenen Türen ernste Gespräche mit meinen Eltern führte, weil sie den Zahlungsverpflichtungen nicht nachkommen konnten. Das Schreibwarengeschäft warf einfach zu wenig ab, um die Schulden rasch abtragen zu können. Mein Vater betrieb zwar noch eine große Imkerei mit 150 Bienenvölkern, die Honig produzierten, der anschließend verkauft wurde. Auch züchtete und verkaufte er Königinnen, aber all das war nur ein Nebenverdienst, unsere finanzielle Situation besserte sich dadurch nicht entscheidend. Dazu kam, dass mein Vater nicht krankenversichert war – vermutlich hatte ihn wegen seiner Krankheit keine Versicherung aufgenommen. Die vielen Behandlungen, die er brauchte, musste er allesamt selbst bezahlen.

Die geschlossenen Türen riefen bei mir auch Erinnerungen an die letzten Kriegsjahre wach, an konspirative Treffen in dunklen Hinterzimmern. Dorthin nahm mich mein Vater mit, wenn er sich mit Männern traf, die so wie er gegen Hitler agierten. Ich war erst zwei oder drei Jahre alt, zu klein, um zu verstehen, was bei diesen Diskussionen im Flüsterton verhandelt wurde. Erst als Erwachsene verstand ich, dass mein Vater mich offensichtlich als Alibi mitgenommen hatte – nach dem Motto: Wo Väter mit ihren Kindern hingehen, droht keine politische Gefahr. Ich war die perfekte Tarnung: Vater und Tochter machten einen Ausflug zu Freunden!

Dabei suchten wir ähnlich missliebige Leute auf, wie mein Vater einer war. Ich erinnere mich an einen Mann, der später in ein Konzentrationslager gebracht wurde. Mein Vater hörte, wie ich später aus seinen Unterlagen erfuhr, regelmäßig den Londoner »Feindsender« BBC, was damals streng verboten war. Und er gab alles, was er da hörte, an seine politischen Freunde weiter.

Die Angst geht um

Diese geheimen Treffen fanden zwar nie bei uns zu Hause statt, dennoch trugen sie – ebenso wie die unangenehmen Besuche des Bankdirektors – dazu bei, dass ich meine Umgebung als bedrohlich empfand. Ich war sehr nervös als Kind und bin es auch lange geblieben. Immer hatte ich sehr viel Angst, und ich denke, dass diese durch die Atmosphäre bei uns zu Hause geschürt wurde, ebenso wie durch ein Bedrohungsszenario, das in unserem Ort in aller Munde war: »Der Russ kommt!« Alle waren fest davon überzeugt, dass »der Russ« irgendwann bei uns einmarschieren würde. Und was dann Schreckliches geschehen würde, konnte man sich ja denken … Stattdessen rückten aber 1945 die Amerikaner mit ihren Panzern bei uns ein und wurden von der Bevölkerung freudig begrüßt. Uns Kindern schenkten sie Kaugummi und Bonbons.

Meine ständige Angst wurde noch verstärkt durch einige schlimme Ereignisse, die sich mir nachhaltig eingeprägt haben.

Unser Haus stand am Ende einer abschüssigen Straße. Eines Tages fuhr ein Bus diese Straße herunter, und als der Fahrer abbremsen wollte, merkte er, dass die Bremsen nicht funktionierten. Der Bus krachte mitten in unser Geschäft hinein, Heizkörper gingen durch den Aufprall entzwei, Wasser strömte in riesigen Mengen heraus und vernichtete vieles, was sich im Laden befand. Papier und Zeitungen saugten das Nass gierig auf. Ob meine Eltern gegen solche Schäden versichert waren? Ich weiß es nicht.

Der nächste Schock ließ nicht lange auf sich warten. Ich war zwölf. Mein Vater kam abends nach einem geselligen Beisammensein nach Hause, betrat den Flur und rief: »Komisch, hier riecht es aber angebrannt!« In der Küche saß ein Onkel von mir, ein Bruder meiner Mutter, der aus dem Krieg zurückgekehrt war und bei uns als eine Art Hausmeister fungierte, weil er keine andere Arbeit gefunden hatte. Augenblicklich sprang er auf und rannte die Treppe hinunter in den Keller. »Die Heizung!«, hörte ich ihn noch rufen. Was auch immer er daraufhin an der Heizung machte – es führte dazu, dass sie explodierte. Ein Wahnsinnsknall erschütterte das gesamte Haus. In den Mauern taten sich dicke Risse auf. Mein Onkel wankte mit lauten Schmerzensschreien die Treppe herauf, Gesicht und Oberkörper waren völlig schwarz. Ein Rettungswagen wurde gerufen, mein Onkel kam mit schweren Verbrennungen ins Krankenhaus.

Doch ganz besonders nachhaltig und schmerzlich grub sich das folgende Ereignis in meine Erinnerung ein. Wir hatten einen Hund, einen Boxer. Bodo hieß er, genau: Bodo von Hülshoff. Mit ihm konnte ich herrlich spielen, er machte alles mit. Ein Beispiel: Der Keller unseres Hauses beherbergte nicht nur die Heizung, er war in viele kleine Räume aufgeteilt, in denen alle möglichen Sachen gelagert wurden. Ich lief mit Bodo in den Keller und sagte zu ihm: »Ich verstecke mich jetzt, und du musst mich suchen.« Tatsächlich wartete er, bis ich mich in irgendeiner Ecke verkrochen hatte. Er tat sogar so, als würde er mich nicht gleich finden, obwohl ich unentwegt kicherte und er sich natürlich auf seine hervorragende Hundenase verlassen konnte. Nachdem er also in alle Räume geschaut hatte, sprang er schließlich mit einem Satz auf mich zu und schleckte mein Gesicht ab. »Du bist ein toller Hund«, lobte ich ihn. Ich liebte Bodo über alles. Ein Wachhund war er allerdings nicht: Läutete es abends an der Haustür, verkroch er sich, bei Gewittern versteckte er sich hinterm Sofa.

Nach einigen Jahren entdeckte man, dass Bodo Krebs hatte. Von Monat zu Monat ging es ihm schlechter. Er konnte am Ende kaum noch laufen, fressen mochte er auch nicht mehr. Da es damals kaum Tierärzte gab, holten sich meine Eltern Rat in der Apotheke. Dort riet man uns, den Hund mithilfe eines Narkotikums, das man über die Nase verabreicht, einzuschläfern. Ich stand neben meinen Eltern, hörte nur das Wort »einschläfern«. Ich wusste mit meinen zwölf Jahren natürlich nicht, was ein Narkotikum ist. Ich dachte – und meine Eltern stellten das auch nicht richtig –, man würde Bodo etwas in die Nase tun, er würde tief und fest schlafen und dann in den Hundehimmel kommen und keine Schmerzen mehr haben. Diese Vorstellung fand ich tröstlich und sagte, dass ich das machen wollte. Aber Bodo schlief nicht einfach ein. Er war ein großer Hund, der sich heftig wehrte. Und so musste ich sein quälendes Sterben nicht nur mit ansehen, ich war sogar aktiv daran beteiligt. Meine Eltern standen daneben und sahen zu.

Sehr viel später wurde mir bewusst, dass meine Eltern das nicht hätten zulassen dürfen. Sie hätten Bodo einschläfern müssen, nachts, während ich schlief. Ich wäre dann morgens aufgewacht und hätte Bodo tot aufgefunden, hätte weinen und mich von ihm verabschieden können. So aber verfolgte mich das schreckliche Sterben meines geliebten Hundes noch sehr lange.

Schock im Pfarrhaus

Als ich dreizehn oder vierzehn war, hatte ich ein weiteres schreckliches Erlebnis, das mich jahrzehntelang verfolgte. Ein Mädchen in diesem Alter war damals, anders als heute, noch ein Kind, trug Zöpfe, Schminke gab es nicht, mit Jungen durfte man nicht sprechen.

In unserem Ort war gerade ein katholischer Gastpriester zu Besuch. Er kümmerte sich um die Seelsorge, predigte in den Messen und nahm den Gläubigen die Beichte ab. Auch ich musste bei ihm zur Beichte gehen. Als ich im Beichtstuhl saß, fragte er mich, sein Gesicht ganz nah an dem Trenngitter, ob ich denn aufgeklärt sei. Nein, flüsterte ich. Weder mein Vater noch meine Mutter hatten mit mir über das gesprochen, was zwischen Mann und Frau ablief. Ich hatte nur das aufgeschnappt, was meine Freundinnen so erzählten, was in der Schule kursierte.

Daraufhin sagte der Priester, ich solle doch am Nachmittag ins Pfarrhaus kommen, um 15 Uhr. Dann entließ er mich. Ich hatte ein ganz ungutes Gefühl. Aber damals kam in unserem kleinen Ort der Pfarrer gleich nach dem lieben Gott. Wenn wir Kinder einem Pfarrer im Ort begegneten, mussten wir einen Knicks machen und sagen: »Gelobt sei Jesus Christus.« Und wehe, wenn wir es vergaßen! Ich durfte die Verabredung also nicht ignorieren, so gern ich es auch getan hätte.

Bedrückt machte ich mich nach dem Mittagessen und den Hausaufgaben auf den Weg ins alte Pfarrhaus. Durch die Pforte betrat ich den Garten. Alles war still, niemand war zu sehen, nicht einmal das Töpfeklappern einer Haushälterin war zu hören. Noch bevor ich läuten konnte, wurde mir die Tür geöffnet. In ihr stand breit und mächtig der Herr Pfarrer, ein dicker Mann mit rundem, rotem Gesicht und grauem Bart. Er war fast kahl und trug eine Brille. »Komm rein«, begrüßte er mich.

Zögernd trat ich ein. Er wies mir den Weg in ein hinteres Zimmer. Es war nicht groß, außer einem Schreibtisch, zwei Stühlen, einem Bett und einem riesigen Kreuz an der Wand gab es keine Möbel. »Setz dich«, sagte er und zeigte mit der Hand auf den Stuhl, der vor dem Schreibtisch stand. Ich wollte mich nicht setzen, ich hatte Angst! »Nun nimm schon Platz!« Der Pfarrer wurde langsam ungeduldig.

Notgedrungen setzte ich mich, er zog seinen Stuhl dicht neben meinen. Auf dem Schreibtisch lagen Hefte mit nackten Menschen. Wie erstarrt saß ich da. Der Pfarrer griff zu einem der Hefte mit den entblößten Frauen- und Männerkörpern »in Aktion« und blätterte es durch. Er fing an zu schwitzen und schwer zu atmen. Dann zwang er mich, die Pornohefte anzuschauen, und fasste mich dabei unter dem Rock an. Ich saß wie gelähmt auf meinem Stuhl. Mittlerweile keuchte er regelrecht, dann stand er auf, ließ auch mich aufstehen und sagte in diesem bestimmten, tragenden Pfarrerston: »Verspürst du jetzt nicht auch den Wunsch, mir anzugehören?«

Ich wusste nicht, was das zu bedeuten hatte, was er mit »anzugehören« meinte, ich wusste nur, dass das, was hier passierte, nicht sein durfte. Instinktiv schrie ich deshalb so laut ich konnte: »Nein!«, während der Pfarrer immer wilder schnaufte. Und dann geschah etwas Verrücktes: Er befahl mir niederzuknien und segnete mich. Dann durfte ich gehen.

Völlig verstört lief ich zurück nach Hause. Meiner Mutter konnte ich mich nicht anvertrauen. Sie hätte mir nicht geglaubt und vermutlich mir die Schuld gegeben. Sie merkte zwar, dass ich sehr durcheinander war, aber sie fragte nicht nach. Und mein Vater war durch unser kompliziertes Verhältnis auch nicht der, mit dem ich über so etwas reden konnte.

Doch andere Mädchen aus meiner Klasse, mit denen der Pfarrer Ähnliches gemacht hatte, erzählten ihren Eltern davon. Und ihnen wurde geglaubt. Die öffentliche Empörung war groß, und der Gottesmann wurde, wie in der katholischen Kirche in solchen Fällen üblich, zwangsversetzt: Er kam an einen anderen Ort, wo er wahrscheinlich weiter sein Unwesen getrieben hat.

Die spätere Erinnerung an dieses Erlebnis zeigte und bestätigte mir wieder einmal, wie unmenschlich das Zölibat war und ist. Warum zwingt man Männer im besten Lebensalter, keusch zu leben, einer Beziehung abzuschwören? Warum sollen sich Gläubige Rat suchend an einen Pfarrer wenden – so, wie es meine Mutter damals nach der Geburt ihres zweiten Kindes tat –, wenn dieser über Liebe und Partnerschaft aus eigener Erfahrung gar nichts weiß?

Grausame Liebe

All diese Ereignisse waren schlimm für mich. Aber das, was mein künftiges Leben wirklich nachhaltig negativ beeinflusst hat, war die Beziehung zu meinen Eltern.

Mein Vater liebte mich über alles, er vergötterte mich. Ich war sein Augapfel, seine Prinzessin. Immerhin wurde ich also in meinen ersten Lebensjahren geliebt. Aber – das weiß ich heute – es war keine normale Liebe eines Vaters zu seinem Kind. Denn er missbrauchte mich. Er ging nicht zum Äußersten dabei, war nicht brutal, sondern eher liebevoll. Und ich hielt das natürlich für Liebe, ich kannte ja nichts anderes, er war mein Vater. Vergleichsmöglichkeiten hatte ich nicht. Die meisten meiner Freundinnen hatten keinen Vater mehr, er war entweder im Krieg gefallen oder noch in Gefangenschaft.

Meine Mutter hingegen hegte eine tiefe Abneigung gegen mich, die immer schlimmer wurde. Sie schlug mich, wann immer ich den Mund aufmachte und etwas wollte. Sie war so voller Zorn, dass sie mit allem, was sie gerade in der Hand hatte, auf mich eindrosch. Sogar ein Bügeleisen war einmal dabei.

Und sie sagte zutiefst verstörende Dinge zu mir. Als ich vierzehn oder fünfzehn war, hatten wir uns einmal heftig gestritten. Ich sehe es noch vor mir: Wir standen im Garten, da sagte sie ganz ruhig, aber voller Wut, eiskalt: »Wenn ich dich doch gleich nach der Geburt ertränkt hätte.« Ich fing an zu weinen. »Warum magst du mich denn nicht?«, schluchzte ich verzweifelt. »Du hast immer genug zum Essen und immer was zum Anziehen gehabt«, sagte sie daraufhin. Essen? Anziehen? Das war doch etwas Selbstverständliches, oder? Mir ging es darum, geliebt zu werden, und sie sprach von Essen und Kleidung! Erst später begriff ich, dass das für sie als Kind und Jugendliche nicht selbstverständlich gewesen war: Sie hatte nie genug zu essen gehabt, und auch bei der Kleidung hatte es hinten und vorn nicht gereicht. Doch auch vor diesem Hintergrund war es extrem grausam und hartherzig, so mit dem eigenen Kind zu sprechen. Und ihre sehr harte Kindheit allein konnte ihr Verhalten nicht erklären, denn ihre Schwestern, die genauso aufgewachsen waren, liebten ihre Kinder und waren nett zu ihnen.

Bei jeder sich bietenden Gelegenheit sagte mir meine Mutter, dass ich hässlich sei: »Du bist hässlich, so unglaublich hässlich. Schau dich nur an!« Begegnete ich ihr morgens, sagte sie regelmäßig: »Du schaust wieder aus wia d' Henn unterm Schwoaf.« Das hieß: Ich sah ihrer Ansicht nach »beschissen« aus. Und ich glaubte ihr das. Sah ich in den Spiegel, registrierte ich jeden winzigen Pickel in meinem Gesicht. Ich sah die Haare, die, wie ich fand, merkwürdig von meinem Kopf abstanden, und dann diese Beine, die meiner Meinung nach viel zu dick waren. Meine Mutter hatte recht. Auch ich fand mich hässlich und sah nur Mängel.

Wenn meine Mutter so mit mir sprach, konnte ich nur weinen. Dabei sehe ich, wenn ich heute Fotos von mir anschaue, ein sehr niedliches kleines Mädchen und – später – eine richtig hübsche Jugendliche. Ich hatte dunkle Haare, wache Augen und ein gleichmäßig geformtes Gesicht. Weder war ich zu dick noch zu dünn, nicht ein einziger Makel war auszumachen. Warum hatte ich das nicht im Spiegel gesehen? Hatte ich denn nicht meine Freundinnen gefragt, die mir bestimmt erklärt hätten, dass meine Mutter spinnen würde? Wahrscheinlich nicht – aus Angst vor der Antwort. Meine Mutter war die oberste Instanz. Erst mit dreißig fing ich an, eine eigene Meinung von mir zu entwickeln.

Häufig sagte meine Mutter auch: »Du kommst noch mal ins Gefängnis.« Ich war jedes Mal außer mir … Wie kam sie darauf? Kamen nicht Menschen ins Gefängnis, die etwas Böses verbrochen hatten? Aber ich hatte doch nichts getan! Und dann hatte ich noch mehr Angst, etwas falsch zu machen.

Erst Jahrzehnte später, nach langer Psychoanalyse, in der ich erstmals die Erkenntnis zulassen konnte, dass mich mein Vater missbraucht hat, erst da ergab dieser Satz einen »Sinn«,

wenn man in diesem Zusammenhang überhaupt von »Sinn«
sprechen kann: Meine Mutter muss geahnt, wenn nicht gewusst haben, was zwischen meinem Vater und mir vorging.
Und sie reagierte, wie offenbar viele Mütter reagieren, wenn
sie »so etwas« ahnen – sie machen die Töchter dafür verantwortlich. Sie wagen es nicht, ihren Mann dafür zur Rechen-
schaft zu ziehen, weil das ja Konsequenzen haben müsste,
zum Beispiel den Mann zu verlassen. Aber wo hätte sie hingehen sollen? Sie hatte keinen Beruf, kein eigenes Geld, niemanden, der sie unterstützt hätte. Also blieb sie, lebte weiter
in ihrer Rolle als Geschäftsfrau, Hausfrau und Mutter.

Wenn ich sie auf ihre so harten Worte ansprach, zuckte sie
nur jedes Mal mit den Schultern und meinte: »Das sagt man
halt so.«

Nein, das sagte man nicht so. Das sagte man nur so, wenn
man es auch so meinte.

Wenn die Störnäherin von der Weiz erzählt …

Es gibt aber zum Glück auch positive Dinge, die ich aus meiner Kindheit mitgenommen habe. Sehr gern erinnere ich mich
an Rosi, die Störnäherin. Sie war eine gemütliche, sehr runde
Frau, die zweimal im Jahr zu uns kam. »Die Stör« war für
Frauen so etwas Ähnliches wie »die Walz« für Handwerks-
burschen. Die Wandernäherinnen waren in der Regel ledige
gelernte Schneiderinnen, die durch das Land reisten. Auf Bau-

ernhöfen oder in Privathaushalten wie unserem besserten sie Wäsche aus, nähten Vorhänge, flickten Hosen und Jacken, fertigten aber auch neue Kleidung. Sie wohnten und aßen in den Familien; ihre eigene tragbare Nähmaschine brachten sie mit.

Rosi war meist zwei Wochen bei uns. Sie saß in unserer großen Wohnküche an ihrer Nähmaschine. Ich hielt mich gern neben ihr auf, wenn sie nähte. Sie kam ja viel herum und kannte die unglaublichsten Geschichten – vom armen Bauernmädchen, das einen amerikanischen Millionär geheiratet hatte, vom Chefarzt, der einen Anhalter mitnehmen wollte, der ihm dann eine Schlinge um den Hals gelegt und ihn ausgeraubt hatte. Von einem Bauern berichtete sie, über den man hinter vorgehaltener Hand erzählte, er habe seinen Bruder umgebracht und im Wald vergraben und sei unter dem Druck seiner Schuld Alkoholiker geworden.

Besonders gern erzählte Rosi, wo es wieder »geweizt« hatte. Eine »Weiz« war ein Gespenst, eine Geistererscheinung. »Es weizt« war der altbayerische Ausdruck dafür, dass es spukte.

Und Rosi wusste Geschichten von Hellseherinnen, wie von der, die mit anderen Frauen beim Sonntagskaffee zusammensaß. Plötzlich sagte sie zu einer der anwesenden Frauen: »Geh heim und back einen Kuchen, dein Mann kommt aus der Gefangenschaft.« Die Frau ging heim, buk einen Kuchen, und kaum war der Kuchen fertig, stand ihr Mann vor der Tür, von dem sie seit Jahren nichts mehr gehört hatte. Ich liebte diese Geschichten. Es war immer schaurig-schön mit Rosi. Sie war nicht nur fleißig, sie war auch äußerst unterhaltsam.

Mutig wie Maria

Ich ging auch sehr gern in den von Nonnen geführten Kindergarten, und noch lieber ging ich später in die Grundschule, obwohl in meiner Klasse 54 Kinder saßen. Aber Fräulein Gramminger, unsere resolute Klassenlehrerin, hatte alles voll im Griff. Es waren so viele Kinder, weil 1950 eine Flüchtlingswelle aus Ostpreußen und Sudetenland über unseren kleinen Ort hereingebrochen war. 12 Millionen Flüchtlinge waren es insgesamt, zwei Millionen von ihnen kamen nach Bayern.

Ein Mädchen aus meiner Klasse, sie hieß Maria, ist mir bis heute im Gedächtnis geblieben. Sie lebte mit ihren Eltern in ärmlichen Verhältnissen auf einem Einödhof. Für ihren täglichen Weg zur Schule, der über Felder und durch Wälder führte, brauchte sie eine geschlagene Stunde. Und natürlich wieder eine Stunde für den Heimweg. Schulbusse gab es ja damals nicht. Und gerade dieses Mädchen fehlte kaum jemals. Sie kam bei Regen und bei Schnee, bei Hitze und bei Kälte – und die Winter im Bayerischen Wald können sehr kalt sein! Es war vermutlich der unbedingte Wille, etwas zu lernen, der sie antrieb, auch allein alle Widrigkeiten auf sich zu nehmen. Und das beeindruckt mich bis heute zutiefst, besonders wenn ich sehe, dass Kinder und manchmal sogar Jugendliche heute nicht mal zwei Straßen weit allein zur Schule gehen dürfen.

Und noch etwas löst die Erinnerung an Maria bei mir aus: eine richtige Wut. Maria kam des Öfteren mit zerrissenen Kleidern in die Schule, weil sie ja durch Wälder und über Felder, durch Brombeergestrüpp und auf unbefestigten Wegen laufen musste. Und ich finde es dekadent und pervers, wenn ich heute auf der Straße Leute sehe, im Wohlstand aufgewachsen, die es schick finden, in zerrissenen Jeans herumzulaufen und dafür sogar noch viel Geld auszugeben. Was sich wohl die Näherinnen in Bangladesch denken, wenn sie solche Hosen herstellen? Viele von ihnen leben in Slums und sind schon seit Kindesalter in den Fabriken beschäftigt. Eine solche Näherin verdient vierzig Euro im Monat und schuftet dafür zehn Stunden am Tag.

Vielleicht habe ich ja einiges, was ich erreicht habe im Leben, auch Menschen wie Maria, Vorbildern an Mut und Ausdauer, zu verdanken.

Die große Freiheit

Wenn es auch zu Hause nicht schön war, so genoss ich als Kind doch die Freiheit eines Lebens in einer ländlichen Umgebung mit vielen Freundinnen. Ganze Nachmittage liefen wir über Wiesen und Felder zu den umliegenden Wäldern. Erst zum »Gebetläuten« um 17 Uhr mussten wir zu Hause sein. Angst hatten wir nicht, wir fanden die Bäume in ihren unterschiedlichen Formen geheimnisvoll, malten uns Geschichten aus, sammelten kleine Stöcke, Eckern, Kastanien oder Eicheln. Wir liefen auf den Schienen unserer Bahnstrecke entlang, kilometerweit und stundenlang. Der Zug fuhr nur zweimal am Tag, und wir wussten genau, wann wir den Gleisbereich verlassen mussten, um die schnaufende Bahn vorbeifahren zu lassen. In einem kleinen Tal wuchsen Schlüsselblumen, und ab April bestaunten wir dort ein wogendes gelbes Meer mit

Schmetterlingen, die von einer Blüte zur nächsten flatterten. Wir konnten uns an diesem Schauspiel nie sattsehen. Das war Glück pur, in diesen Momenten war das Düstere zu Hause vergessen.

Spielsachen gab es damals kaum, ich brauchte auch nicht viele. Ich besaß eine Puppe, den Hansi, den ich sehr liebte. Wenn ich als Erwachsene an Hansi dachte, erschien er mir in meiner Erinnerung riesengroß. Doch als ich Hansi später einmal in einem Spielwarengeschäft wiederfand, war ich enttäuscht, wie klein er war.

Sehr gern saß ich auf dem Boden hinter dem Ladentisch und schnitt Figuren aus alten Zeitschriften aus. Mit denen spielte ich dann und dachte mir dazu Geschichten aus.

Über alles liebte ich auch zwei kleine Bilderbücher; sie waren tatsächlich nur 12 x 15 cm groß. *Kinderuhr* und *Schule gehen* hießen sie und waren noch in Sütterlinschrift gesetzt. Beide Büchlein waren in meinem Geburtsjahr, 1941, im Nürnberger Sebaldus-Verlag erschienen.

Meine wenigen Spielsachen und Bücher warf meine Mutter weg, als ich später nach München zog. Das kränkte mich sehr. Deshalb war es wunderbar und kaum zu glauben, dass ich mit fast sechzig Jahren das Buch *Kinderuhr* zufällig in einem Hamburger Antiquariat fand – ohne danach gesucht zu haben. Und *Schule gehen* entdeckte ich auf einem Münchner Flohmarkt. Ich bin heute noch glücklich über diese Zufallsfunde.

Bei Anna, einer von meinen Freundinnen, war ich gern zu Hause. Der Vater war im Krieg gefallen, die Mutter umarmte ihre Tochter liebevoll, wenn sie von der Schule nach Hause kam. Die Atmosphäre war überhaupt warm und anheimelnd, es gefiel mir dort wesentlich besser als bei uns. Und das mit der Wärme meine ich auch wortwörtlich. Denn in unserem neuen Haus hatten wir zwar eine Dampfheizung, aber diese stellte meine Mutter selbst bei eisigen Außentemperaturen nachmittags um fünf aus. Abends war es deshalb immer kalt bei uns. Vielleicht wollte sie sparen, vielleicht wollte sie auch nur, dass alle früh ins Bett gingen. Was man auch tat, weil es ohne wärmende Bettdecke schlicht ungemütlich war und man bald zu bibbern anfing. Auch die Flüchtlingsfamilie, die bei uns einquartiert wurde, musste frieren, da kannte meine Mutter kein Pardon.

Hunger litten wir jedoch nicht, denn dadurch, dass meine Eltern ein Geschäft hatten, wurden mit den Bauern Tauschgeschäfte abgewickelt. Auch sie brauchten mal Papier und Tinte, und im Gegenzug bekamen wir Eier oder gar ein Stück Speck.

Wieso darf mein Bruder alles und ich nichts?

Mein Bruder Heribert und ich hatten wenig miteinander zu tun. Bei einem Altersunterschied von acht Jahren war das nicht weiter erstaunlich.

Unsere Interessen waren vollkommen unterschiedlich. Er konnte nicht viel mit mir und ich kaum etwas mit ihm anfangen. Begegneten wir uns im Ort, wechselte er jedes Mal die Straßenseite, damit er nicht mit mir reden musste. Dann hätte ja jemand bemerken können, wie er sich mit der kleinen Schwester abgab. Sozusagen mit einem Baby.

Er fand es allerdings auch nicht gut, wie meine Mutter mit

mir umging, und konnte nicht verstehen, warum sie mich, aber nie ihn geschlagen, warum sie sich immer so auf mich konzentriert hatte. Das erfuhr ich aber erst, als ich nicht mehr zu Hause wohnte. Er hatte das alles bemerkt, sich aber nicht eingemischt. Für ihn hatte es keinen Grund gegeben, sich gegen meine Mutter aufzulehnen, denn er wurde von ihr über alles geliebt. Heribert konnte tun, was er wollte, es war immer in Ordnung, er konnte nichts falsch machen. Er war der Sohn.

Damals regte es mich sehr auf, dass mein Bruder so gravierend anders als ich behandelt wurde.

In unserem Ort gab es zum Beispiel unter den Geschäftsleuten das Prinzip »Eine Hand wäscht die andere«. Das hieß, wer bei uns im Geschäft einkaufte, konnte auch mit unserem Gegeneinkauf rechnen. Und diesen Gegeneinkauf musste meist ich erledigen, auch als dünnes Kind mit zehn oder zwölf Jahren. Die Geschäfte lagen teilweise weit auseinander. Als besonders anstrengend blieb mir eine Bäckerei in einem Ortsteil am gegenüberliegenden Hang in Erinnerung, mehr als einen Kilometer von zu Hause entfernt. Es gab keine öffentliche Verkehrsverbindung; ich musste zu Fuß dorthin, um einen großen, also schweren Laib Brot zu holen.

Mein Bruder hatte schon seit seinem 16. Lebensjahr einen Führerschein, weil wir im Geschäft ein Auto brauchten und mein Vater wegen seiner Behinderung nicht fahren konnte. Er hätte mit dem Auto in einem Bruchteil der Zeit, die ich aufwenden musste, die Einkäufe in entlegenen Ortsteilen erledigen können. Aber damals war es völlig undenkbar, dass ein junger Mann Haushaltseinkäufe tätigte. Mich empörte das jedes Mal aufs Neue. Wieso wurde ich so schlecht behandelt, und er hatte in meinen Augen das Paradies auf Erden? Wieso durfte er alles und ich nichts?

So durfte ich bis zu meinem 16. Lebensjahr nur einmal wöchentlich abends das Haus verlassen. Meine Mutter hatte mir erlaubt, einen Volkstanzkreis in der nahe gelegenen Turnhalle zu besuchen. Ein Mädchen musste sich schließlich in heimatlicher Kultur auskennen, das konnte für eine Verheiratung nur von Vorteil sein. Um 22 Uhr war der Kurs zu Ende, und wenn ich nicht um 22:10 Uhr zu Hause war – das kam öfter vor, weil wir hinterher noch ein wenig miteinander ratschten –, stand meine Mutter hinter der Haustür und zog mir irgendeinen Gegenstand über den Kopf.

Für meinen Bruder galten solche Regeln selbstverständlich nicht, er konnte gehen, wohin er wollte, so lange fortbleiben, wie es ihm gefiel. Er hatte viele Freunde und war Mitglied in einem Schachklub. Und er ging jeden Abend weg, weil er es zu Hause nicht aushielt, was nur zu verständlich war. Meine Mutter fand das ganz normal. Einmal verlangte sie, dass ich Heriberts Schuhe putzte, denn er wollte zum Tanzen. Merkwürdigerweise war das der Tropfen, der mein Fass zum Überlaufen brachte. Ich schrie und wütete wie eine Furie: »Nein, das kommt überhaupt nicht in Frage, ich werde ihm seine Schuhe nicht putzen. Ich bin doch nicht sein Aschenputtel!« Und weil es für meine Mutter undenkbar war, dass ihr Sohn sich die Finger schmutzig machte, griff sie selbst zu Putzlappen und Schuhcreme, um seine Schuhe zu polieren. Was für ein Irrsinn! Sie wäre niemals auf die Idee gekommen, ihm zu sagen, dass er seine Schuhe gefälligst selbst putzen sollte.

Etwa ab meinem zwölften Lebensjahr wollte ich nicht mehr mit meinem Vater allein bleiben. Vielleicht fing ich an zu ahnen, dass etwas ganz und gar nicht in Ordnung war. Ich erinnere mich jedenfalls an einen Abend, als ich eine Freundin unter Tränen gebeten hatte, bei mir zu bleiben, weil meine

Mutter ausnahmsweise nicht zu Hause war. Die Freundin wollte eigentlich nicht, erbarmte sich dann aber doch, weil ich so inständig bat. Mein Vater hatte diese angeborene Muskelschwäche, die im Laufe seines Lebens zu einer fast völligen Lähmung führte, eigentlich saß er nur noch in seinem Lehnstuhl – aber ich hatte trotzdem Angst vor ihm.

Immer wieder dachte ich darüber nach, warum meine Mutter mir verboten hatte, mit Jungen zu reden. Ich konnte es mir nicht erklären.

Als ich fünfzehn war, schwärmte ich für einen Jungen aus der Parallelklasse. Hansjörg hieß er. Er war groß, hatte eine tolle Figur und sah gut aus. Anscheinend gefiel ich ihm auch, zumindest entnahm ich das den Blicken, die er mir zuwarf, wenn wir uns in der Schule begegneten. Wir hatten aber nie persönlichen Kontakt – bis auf eine Ausnahme. Nur ein einziges Mal war es dazu gekommen, dass ich mit ihm auf der Straße ein paar Worte wechselte. Leider hatte meine Mutter diese harmlose Begegnung beobachtet. Als ich heimkam, schlug sie mich in mörderischer Wut mit der ledernen Hundeleine, bis ich am Boden vor der offenen Wohnzimmertür lag und weinte. Im Wohnzimmer saß mein Vater in seinem Lehnstuhl. Er konnte nicht mehr aufstehen, musste tatenlos zusehen. Er weinte bitterlich, weil er mir nicht beistehen konnte. »Hör auf«, rief mein Vater immer wieder, aber meine Mutter ließ nicht von mir ab. Sie schlug weiter auf mich ein, selbst als ich mich längst nicht mehr rührte. Dabei hatte ich doch nur mit dem Jungen geredet, in aller Öffentlichkeit!

Erst Jahrzehnte später, als in einer Therapie das Verhältnis zu meinem Vater offengelegt wurde, erkannte ich, dass die damaligen Schläge vermutlich ihm galten, meinem Vater, der mich liebte und der mich auf seine ganz eigene Art missbrauchte.

Hansjörg, meine ganz und gar unschuldige erste Liebe, habe ich aus den Augen verloren. Doch Jahrzehnte später – ich lebte schon lange in München – kam er plötzlich in unseren Schreibwarenladen und fragte nach mir. Meine Mutter schickte ihn weg. Schade. Ich hätte zu gern gewusst, was aus ihm geworden ist. Vergessen habe ich ihn bis heute nicht.

Leichtes Gepäck

Mein Vater hatte seine eigene Art, mit dem umzugehen, was in unserer Familie los war. Neben seiner angeborenen Muskelschwäche hatte er noch einige Schlaganfälle und einen Herzinfarkt. Mehrmals musste ausgerechnet am Heiligen Abend der Arzt gerufen werden, der ihn ins Krankenhaus einwies. Sehr viel später, als ich mehr über Psychologie wusste, fand ich das höchst interessant. Heiligabend war ja jener Tag, an dem Familie gespielt wurde, denn von einer wirklichen Familie konnte bei uns ja keine Rede sein. Da gab es Hass und Rivalität, Misstrauen und offene Feindschaft, alles unter dem Deckmantel »Wir sind eine Familie«. Mein Vater hatte anscheinend seine eigene Protestform entwickelt.

Heute glaube ich, dass ich von beiden meiner Eltern etwas mitbekommen habe. Von meiner Mutter ihre enorme Energie und Power – was diese Frau gearbeitet und geleistet hat, ist unbeschreiblich. Sie konnte zupacken, und sie war, das muss ich zugeben, ungemein tüchtig. Sie hat unseren Schreibwarenladen gemanagt und sich dabei zur erfolgreichen Geschäftsfrau entwickelt. Sie hat den Haushalt picobello in Ordnung gehalten, im Garten Gemüse gezogen, Marmeladen eingekocht, Birnen, Äpfel und Bohnen eingeweckt, tolles Essen gekocht. Fleisch gab es nur am Sonntag; blieben Fleischreste übrig, gab es am Montag zum Beispiel Kartoffelgröstl. Waren noch Semmelknödel da, wurden sie geröstet und mit selbst gemachtem Zwetschgenkompott serviert. Wenn es Essensreste gab, die nicht mehr verwertet werden konnten, kamen sie in einen großen Trog, als Schweinefutter für einen Bauern. Von meiner Mutter lernte ich, dass auch aus Resten noch eine gute Mahlzeit werden kann. Bis heute werfe ich kaum jemals Lebensmittel weg.

Meine Mutter hat auch meinen Vater während seiner Krankheit gepflegt und uns Kinder – recht und schlecht – erzogen. Und sie achtete auf sich. Sie trug stets ein Korselett und pflegte sich im Rahmen ihrer Möglichkeiten, mit einer einzigen Creme, die sie morgens und abends auftrug. Bis ins hohe Alter hatte sie eine schöne Haut.

Was ich an meinem Vater bewunderte: Er war sehr intelligent, konnte gut und plakativ formulieren, schrieb für andere Leute Briefe an Behörden, wenn sie sich nicht ausdrücken konnten, Bittbriefe, Klagebriefe ... Dazu kam sein politisches Interesse. Er engagierte sich nach dem Krieg für eine gerechte Entnazifizierung (nicht unbedingt zur Freude einzelner einflussreicher Leute aus der Gegend), hielt Vorträge, kandidierte (wenn auch erfolglos) für den Landtag und interessierte sich mit einer enormen Neugierde für viele Dinge.

Ich bin heute 77, halte in ganz Deutschland Vorträge, bin also viel unterwegs, schreibe Artikel und Bücher und führe mit meiner Nichte (der Tochter meines Bruders) Renate Fritz zusammen unser Unternehmen »frau & geld«. Immer wieder werde ich gefragt: »Woher nimmst du bloß diese ganze Energie?«

Ganz sicher habe ich sie teilweise von meiner Mutter geerbt – so wie ich bei der Lust am Formulieren und beim Interesse an der Politik Ähnlichkeiten zu meinem Vater sehe. Aber ich sage auch immer: »Ich reise mit leichtem Gepäck«, weil ich die schwere psychische Last, die mir das Verhalten meiner Eltern auferlegte, in zwei Therapien bearbeitet habe. Mich quält also nichts mehr.

Manchmal möchten Leute von mir wissen, ob ich meinen Eltern verzeihen konnte. Nein, verziehen habe ich ihnen nicht. Denn dazu gehört meiner Meinung nach Einsicht und Reue von ihrer Seite. Beides gab es nicht. Aber ich habe mein Leben akzeptiert, das Beste daraus gemacht und meinen Frieden gefunden.

Die Ehe – einzig wahres Lebensziel?

Menschen und ihr Verhalten haben mich immer interessiert, auch schon als junges Mädchen. In einem kleinen Ort wie dem unseren blieb kaum etwas verborgen. Viele Ehen schienen nicht glücklich zu sein. Es wurde als nahezu selbstverständlich hingenommen, wenn die Männer fremdgingen – taten das jedoch Frauen, war es etwas völlig anderes. Sehr schnell wurden sie als Flittchen – Flietscherl hieß das bei uns – bezeichnet und abgeurteilt, Männer hingegen entschuldigte man beinahe noch für ihr Verhalten, »so sind Männer halt«, hieß es dann.

Ich habe von Ehepaaren gehört, die sich zehn Jahre lang nur über Zettel verständigten. Eine Verwandte, eine Bäuerin, wurde von ihrem Mann oft grün und blau geschlagen. War er betrunken, was häufig vorkam, warf er ihre Kleider aus dem Fenster und ihr Bettzeug hinterher. Dann ging sie in den Stall, schlief dort die Nacht über und kehrte ins Haus zurück, wenn ihr Mann sich beruhigt hatte. Was hätte sie sonst tun sollen? All diese Frauen konnten, genau wie meine Mutter, ihren Mann nicht verlassen, weil sie weder das Geld noch eine Ausbildung hatten, um sich eine eigene Existenz aufzubauen. Ist es gut, dass solche Ehen deswegen gehalten haben? Nein. Heute würde eine Frau – hoffentlich – sagen: »Mach das noch einmal, und ich bin weg!«

Als ich später in München Geschäftsführerin eines Frauenhauses war, gingen viele Frauen nach vier Wochen wieder zurück zu ihren Männern. Diese hatten sie geschlagen, aber dann knieten sie vor ihren Ehefrauen und schworen hoch und heilig: »Nie wieder!« Sie schienen es oft wirklich zu bereuen, aber dann kam der nächste Ausraster, und der Schwur war augenblicklich vergessen. Bei jenen, die in bestimmten Phasen lieb und nett waren, taten sich die Frauen mit der Entscheidung, lieber im Frauenhaus zu leben als zu Hause, besonders schwer. Sie fielen immer wieder auf leere Versprechen herein: »Jetzt hat er mir ein Geschenk gemacht, und er bereut es doch wieder so. Ich probiere es noch mal mit ihm.« Und schon waren sie wieder an seiner Seite.

Als Jugendliche konnte ich diese Zusammenhänge noch nicht wirklich begreifen. Ich sah aber: Da waren Frauen unglücklich. Blieben sie treu wie meine Mutter – und ich bin mir sehr sicher, dass sie meinen Vater niemals betrogen hat – und hielten auch eine unglückliche Ehe aus, galten sie als ehrbare Frauen. Ein hoher Preis!

Auf den Status einer ehrbaren Frau legte meine Mutter großen Wert. Sie erzählte mir einmal, dass mein Vater sie betrogen hatte. Am Sonntag war meine Mutter wie üblich in der Kirche gewesen – mein Vater nahm selten an einer Messe teil –, als sie plötzlich einen heftigen Stich im Herzen verspürte. Sie wusste nicht, was das zu bedeuten hatte, aber sie ging mit einem seltsamen Gefühl vorzeitig nach Hause. Als sie dort nach ihrem Mann rief und keine Antwort erhielt, schaute sie im Schlafzimmer nach. Dort lag er mit einer anderen Frau im Bett. Das muss sie zutiefst getroffen haben – sie hat ihm nie verziehen.

»Heirate –
dann bist du versorgt!«

Durch die Schlaganfälle wurde mein Vater zu einem schweren Pflegefall. Sprechen war ihm kaum mehr möglich, sodass meine Mutter über alles bestimmte. Auch über meine Schulausbildung. Zu gern wäre ich aufs Gymnasium gegangen, aber meine Mutter war strikt dagegen. Da es in unserem Ort nur eine Mittelschule gab und ich für die Höhere Schule jeden Tag den Zug in die Nachbarstadt hätte nehmen müssen, kam das für sie nicht in Frage. Viele aus unserer Ortschaft nahmen die Mühen einer solchen Zugfahrt auf sich, ich wäre nicht die Einzige gewesen, aber meine Mutter hatte andere Pläne für mich: »Du sollst sobald wie möglich heiraten, und dann bist du eh versorgt.«

Die Ehe meiner Eltern war nicht unbedingt ein leuchtendes Beispiel dafür, dass man als Frau so versorgt sein wollte, aber das konnte ich kaum ins Feld führen, um meine Mutter umzustimmen. Dabei stand in all meinen Zeugnissen schwarz auf weiß: »Die Erfolge der vielseitig interessierten Schülerin sind das Ergebnis von Begabung und Fleiß. Leider ist Helma sehr geschwätzig.«

Letzteres stimmt heute noch, ich rede einfach gern, und mir fällt auch immer was ein. Die Lehrer setzten sich für mich ein und versuchten meine Mutter zu überzeugen, mich aufs Gymnasium gehen zu lassen, selbst dann noch, als ich schon längst die mittlere Reife machte. Doch meine Mutter blieb bei ihrer Meinung. Zu mir sagte sie: »Nach der mittleren Reife gehst du in ein Büro, bis du heiratest.« Ich brauchte also keine gescheite Ausbildung, weil ich in einem Büro nur die Übergangszeit bis zur Heirat füllen sollte. So einfach war das für meine Mutter. Ich glaube aber, dass sie auch deshalb so ablehnend reagierte, weil es auf dem Gymnasium gemischte Klassen mit jungen Männern gab. Und die waren meiner Mutter bekanntlich ein Dorn im Auge.

In der Mittelschule gab es einmal einen Vorfall, der mir bis heute im Gedächtnis geblieben ist, weil er mich tief verletzt hat. In einem Fach – ich weiß nicht mehr, in welchem – hatte ich eine Sechs geschrieben. Es war die einzige Sechs, die ich je bekommen habe. Der Lehrer war ein Sadist, als Pädagoge völlig ungeeignet. Ich traute mich nicht, meinen Eltern davon zu erzählen, sie waren es nicht gewohnt, dass ich schlechte Noten nach Hause brachte. Und die Wut meiner Mutter konnte ich mir gut vorstellen. Mein Vater besaß als Geschäftsmann einen Unterschriftenstempel. Da ja ein Elternteil die schlechte Note unterschreiben musste, kam ich auf die Idee, diesen Stempel zu benutzen. Ich fand, dass es sehr echt aussah, und hoffte, dass der Lehrer meinen Betrug nicht bemerken würde. Tat er aber doch. Er zitierte mich aber nicht etwa nach der Stunde zu sich, sondern machte mich vor der versammelten Klasse fertig, meinte, mein Vorgehen würde auf eine kriminelle Neigung schließen lassen, man könne mit großer Wahrscheinlichkeit vorhersagen, dass ich eines Tages ins kriminelle Milieu abrutschen würde. Wie man so etwas einem jungen Mädchen sagen kann, ist mir heute noch ein Rätsel.

Natürlich wurden auch meine Eltern von meinen »Machenschaften« unterrichtet. Sie waren stinksauer, von meiner Mutter bekam ich umgehend eine Ohrfeige. Das, was ich getan hatte, passte zu ihrem Bild von mir, schließlich hatte sie mir oft genug zu verstehen gegeben, dass ich eines Tages im Gefängnis landen würde. Es dauerte lange, bis ich genügend Abstand zu diesem »Eklat« entwickeln konnte.

Die mittlere Reife schaffte ich aber trotzdem mit guten Noten. Ich war sechzehn, in einigen Monaten würde ich siebzehn werden. Bis dahin könne ich zu Hause bleiben, doch dann, so meine Mutter, solle ich mir eine Bürostelle in München suchen. Arbeitsstellen am Ort waren in unserer Gegend rar. Vielleicht erhoffte sich meine Mutter, dass ich in der Großstadt schneller einen Mann finden würde, was ja ihre Vorstellung von meiner Zukunft war.

Auch für mich war München ein ersehntes Ziel. Weg aus diesem kleinen Ort, wo mich jeder kannte, wo jeder jeden beobachtete; weg aus meinem Elternhaus! Was ich nicht bedachte: Ich war noch sehr jung und noch nie aus unserem kleinen Ort herausgekommen. Für Urlaubsreisen fehlte das Geld, außerdem konnten meine Eltern ihren Laden nicht einfach schließen, dann hätten die Einnahmen gefehlt. Sie arbeiteten unentwegt und unermüdlich, und es war schon viel, wenn sie mal ein Wochenende freihatten. Wir unternahmen auch kaum jemals Ausflüge – vielleicht, weil mein Vater gehbehindert war, vielleicht aber auch, weil wir nicht so ein schönes Familienleben hatten und kaum Lust verspürten, etwas Gemeinsames zu planen.

Ich hatte jedenfalls nicht die geringste Ahnung, wie ein Arbeitsverhältnis funktioniert, und nun sollte ich außerdem noch eine Bleibe finden, meinen gesamten Alltag organisieren und mir einen neuen Freundeskreis aufbauen.

Zu jung für die weite Welt?

Ein Bruder meiner Mutter, der in München lebte, besorgte mir ein Zimmer in einem Jugendwohnheim der Arbeiterwohlfahrt. Es kostete nicht viel, und lauter junge Leute lebten dort. Der Wechsel von meinem Elternhaus in eine laute und fröhliche Umgebung war nicht einfach für mich. Alles war so anders. So fremd. In der Kleinstadt hatte ich mich aufgeregt, dass mich jeder kannte, in der Großstadt regte ich mich darüber auf, dass mich keiner kannte.

Mit meiner Arbeitsstelle hatte ich Glück. Ich hatte mir selbstständig eine Tätigkeit als Bürohilfe organisiert, im Sekretariat eines Musikkonservatoriums. Es herrschte eine offene Atmosphäre, die Menschen, die hier arbeiteten, waren nett und freundlich. Den ganzen Tag über hörte man irgendwo jemanden auf einem Instrument üben, Klavier, Trompete, Tuba.

Eine Lehre machte ich in dem Konservatorium nicht, man hatte mich genommen, weil ich Stenografie und Schreibmaschine schon auf der Mittelschule gelernt hatte und hier gleich anwenden konnte. So verdiente ich gleich Geld, wenn auch noch wenig genug. Aber immerhin konnte ich mir von meinem Verdienst das Zimmer im Heim der Arbeiterwohlfahrt leisten.

Eines Tages, es war 1958, ich war gerade erst seit ein paar Monaten in München, erhielt ich einen Brief von meiner Mutter. Darin stand, dass es wohl mit meinem Vater zu Ende ginge, er hätte zu allem anderen noch eine schwere Lungenentzündung bekommen. Als ich das Datum auf dem Schreiben las, sah ich, dass der Brief lange unterwegs gewesen war.

Wieso hatte meine Mutter nicht angerufen? Sie kannte zwei Telefonnummern, unter denen sie mich erreichen konnte: die des Büros im Musikkonservatorium und die des Wohnheims. Ich verstand nicht, warum sie mir einen Brief schrieb. Und gerade als ich den Brief las, rief sie doch noch an.

»Wieso kommst du nicht?«, warf sie mir vor. »Dein Vater ist doch gestorben!«

»Das wusste ich nicht«, verteidigte ich mich. »Ich habe eben erst deinen Brief erhalten.«

»Es ist deine Schuld, dass er gestorben ist.«

Im ersten Moment war ich sprachlos, als ich das hörte. Nachdem ich tief geschluckt hatte, wollte ich genauer wissen, was sie damit meinte: »Wieso soll es denn meine Schuld sein?«

»Er hat einfach nicht verkraftet, dass du nach München gegangen bist.«

»Das stimmt nicht, das ist gemein von dir. Vater war ein Pflegefall, lag nur noch im Bett, und wer lang liegt, bekommt leicht eine Lungenentzündung. Weshalb sagst du so etwas?«

Ich wusste, es stimmte nicht, dass mein Vater gestorben war, weil ich mein Elternhaus verlassen hatte. Doch meine Mutter schaffte es stets auf ähnliche Weise, mich zu manipulieren. Sie sorgte dafür, dass ich ständig Angst hatte, etwas falsch zu machen. Das ging so weit, dass ich schon an einer Supermarktkasse unruhig und zittrig wurde, wenn dort eine Kassiererin mit grauen Haaren saß, die mich entfernt an meine Mutter erinnerte. Dann legte ich die Waren besonders ordentlich aufs Band, die Frau sollte keinen Grund haben, mich wegen einer Unachtsamkeit auszuschimpfen. Ich durfte nicht schuld daran sein, wenn sie die Waren nicht problemlos eintippen konnte.

Abschied ohne Aussprache

Meine Mutter ging nicht auf das ein, was ich gesagt hatte. Stattdessen meinte sie: »Er wollte dich am Ende auch nicht mehr sehen.« Zur Beerdigung aber musste ich natürlich kommen, sonst hätten »die Leute« ja geredet.

Ich konnte mich nicht von der Stelle rühren. Mein Vater war tot. Eine Aussprache hatte es zwischen uns nie gegeben, in seinen letzten Lebensjahren wäre das aufgrund seiner schlechten körperlichen Verfassung auch nicht mehr möglich gewesen. Dennoch – solange er lebte, hatte ich immer das Gefühl gehabt, ich könnte noch zu ihm durchdringen, von ihm erfahren, was ihn einst dazu getrieben hatte, mich nicht so zu lieben, wie Väter es normalerweise mit ihren Töchtern tun. Weshalb war er anders gewesen? Und wieso hatte er mich am Ende seines Lebens nicht sehen wollen? Stimmte das wirklich, oder hatte das meine Mutter nur behauptet, um mich zu verletzen?

Am nächsten Tag fuhr ich mit dem Zug nach Hause zur Beerdigung. Mein Vater war im Ort ein bekannter und auch beliebter Mann gewesen, es sollte ein riesiger Trauerzug werden, mit Mitgliedern vieler Vereine und Verbände, mit Stadträten, Musikkapelle und einer Rede des Bürgermeisters.

Als ich dann meinen Vater in der Leichenhalle aufgebahrt sah, knickten mir die Knie ein. Scheinbar friedlich lag er da, er trug seinen besten Anzug, dazu ein weißes Hemd. Sein Gesicht war faltig, er sah älter aus als dreiundsechzig. Seine Leiden hatten ihn deutlich gezeichnet. Dreiundsechzig, eigentlich kein Alter, für einen Menschen mit Muskelschwäche allerdings doch beachtlich.

Ich konnte nicht länger in der Leichenhalle bleiben und

ging hinaus auf den Friedhof; er war schwarz vor Menschen. Das zu sehen war schon eindrucksvoll. So viele waren gekommen, um sich von meinem Vater zu verabschieden!

An die weitere Trauerzeremonie kann ich mich nicht mehr entsinnen. Ich weiß nur noch, dass ich am nächsten Tag wieder im Zug nach München saß.

Scheitern in der Großstadt

Bald bekam ich Probleme in der großen Stadt. Sie begannen, als ich im Wohnheim einen jungen Mann kennenlernte, der dann, ich war achtzehn, mein erster Freund wurde. Er studierte, spielte in seiner Freizeit Klarinette in einer studentischen Jazzband. Durch ihn lernte ich Jazz kennen und lieben. Diese Liebe ist mir bis heute geblieben. Vor allem der Swing Jazz der 30er- und 40er-Jahre hat es mir angetan.

Allerdings waren Liebesbeziehungen unter den Heimbewohnern damals nicht erlaubt. Und so legte man mir nahe, die Freundschaft aufzugeben oder aus dem Heim auszuziehen. Dabei waren wir natürlich keineswegs die einzigen Heimbewohner, die eine Liebesbeziehung hatten.

Mein Freund und ich versuchten deshalb, uns heimlich zu treffen. Ich wollte ihn nicht aufgeben, ich war verliebt. Es tat so gut, umarmt und geküsst zu werden. Letztlich war ich aber ziemlich unbedarft – in allem. Auch darin, unsere fortgesetzte Beziehung gut genug zu tarnen. Sie flog auf, wir wurden erwischt, und ich musste das Heim verlassen. Was für eine

Schande! Ich war am Boden zerstört. Aber ich musste mir eingestehen: Im Grunde kam ich mit meiner ganzen Situation in München nicht zurecht. Mit den vielen Menschen in der Stadt, dem wenigen Geld, denn das, was München bot, konnte ich mir nicht leisten. Mit meinem Verdienst war keine Wohnung zu bekommen. Was sollte ich bloß tun? Ich war ratlos und verzweifelt. Ein Leben in der Großstadt – es war einfach zu früh gewesen. Ich wollte, ich musste wieder zurück nach Hause.

Meine Mutter nahm mich zwar wieder auf, aber sie ließ mich spüren, dass ich in ihren Augen gescheitert war. Ich fand das nicht, immerhin hatte ich mir die Stelle im Musikkonservatorium selbst gesucht. Und ich hatte meine Arbeit dort gut gemacht, wie mir versichert wurde. Für ein siebzehnjähriges unbedarftes Mädchen vom Land, so fand ich damals, war das keine geringe Leistung.

Ich suchte an meinem Heimatort eine neue Stelle und fand auch bald eine, bei der Regentalbahn AG, einer Privatbahn, die den Bayerischen Wald ein Stück weit erschloss. Ich wurde Sekretärin der beiden Direktoren, einem technischen und einem kaufmännischen, und stieg bald zur Chefsekretärin auf. Es war eine verantwortungsvolle und gut bezahlte Position. Ich wurde gern in der Firma gesehen, die Kolleginnen und Kollegen waren nett.

Was man nicht alles aushält

Manche Frauen, das sollte ich auch in dem Frauenhaus erleben, in dem ich später arbeitete, können von ihren sie schlagenden Männern nicht weggehen, weil ihnen das Schlimme, aber letztlich Bekannte weniger Angst macht als das Unbekannte, auch wenn das möglicherweise viel besser ist. Aber weil man sich eben nicht sicher sein kann, kehrt man doch ins Alte zurück, ins Vertraute. So war es auch bei mir. Ich war in München gescheitert und hatte das als so verheerend empfunden, dass ich einen solchen Schiffbruch nicht noch einmal erleben wollte. Außerdem hatte ich eine gute Arbeitsstelle gefunden und war dabei, etwas aus meinem Leben zu machen.

Ums Erbe betrogen

Mit meiner Mutter saß ich höchstens beim Abendessen zusammen, ansonsten legte keine von uns Wert darauf, sich mit der anderen auseinanderzusetzen. Nie hörte ich von meiner Mutter ein anerkennendes Wort dafür, dass ich in meinem Beruf inzwischen so angesehen war. Aber es war mir egal, ich legte keinen Wert mehr auf ihre Meinung.

Dazu hatte eine Geschichte beigetragen, die noch mit dem Tod meines Vaters zusammenhing. Immer wieder hatte er mir erzählt, er hätte für mich vorgesorgt, 10 000 Mark würde er mir nach seinem Tod vermachen – nach dem Krieg war das eine enorme Summe. Außerdem sollte ich Geld für eine komplette Wohnungseinrichtung erhalten, wenn ich heiratete. Das alles habe er in seinem Testament festgehalten. Doch als er starb, hörte ich von meiner Mutter, dass angeblich kein Testament existiere. Ich wusste aber, dass es eines gab, mein Vater hatte es mir gezeigt, auch wenn ich es natürlich nicht hatte lesen dürfen. Aber sosehr ich auch darauf beharrte, dass es ein Testament geben müsse – es fand sich keines. Ich konnte nur vermuten, dass man es hatte verschwinden lassen. Da mein Vater es, wie damals meist üblich, nicht beim Notar hinterlegt hatte, war es mir nicht möglich, irgendetwas zu unternehmen.

Meine Mutter wollte, dass mein Bruder das Schreibwarengeschäft übernahm. Das war auch in Ordnung, er war der Ältere, hatte eine Handelsschule besucht und immer schon mitgearbeitet. Heribert wiederum, zu dieser Zeit Mitte zwanzig, meinte, er würde das Geschäft nur übernehmen, wenn ihm der Laden und unser Haus dann auch wirklich ganz gehören würden, nicht nur anteilig. Nach geltendem Recht war es ja so, dass die Ehefrau nach dem Tod des Mannes die Hälfte erbte, die andere Hälfte mussten sich die Kinder teilen. Aber meine Mutter überschrieb ihren Anteil sofort ihrem Sohn. Dann schleppten mich die beiden zum Notar, ich sollte dort unterschreiben, dass ich auf meinen Anteil verzichtete. Ich war siebzehn, hatte keine Ahnung von Erbrecht, woher denn auch.

Der Notar, ein ernst dreinblickender Mann, der uns der Reihe nach mit seinen graublauen Augen fixierte, meinte schließlich zu meinem Bruder: »So geht das nicht. Es geht hier um ein großes Haus, nicht um ein Häuschen. Sie müssen Ihrer Schwester schon etwas von dem Erbe abgeben.« Daraufhin hatten Mutter und Bruder den Einfall, mich mit dem Einräumen eines lebenslangen Wohnrechts abzufinden. Und so wurde es auch dann notariell vereinbart. Ich hatte keine Ahnung, was ein Wohnrecht bedeutete, und unterschrieb.

Dieses Vorgehen war damals üblich und ist leider bis heute anzutreffen. Viele Jahre später, in meinen Beratungsgesprächen, habe ich immer wieder die gleiche Geschichte gehört: Die Söhne bekommen die Firma, die Töchter werden übers Ohr gehauen. Sie wehren sich nicht, entweder weil sie keine Ahnung haben oder weil sie eingeschüchtert wurden – oder, wie in meinem Fall, beides.

Mein Bruder hatte mit dem Geschäft natürlich auch die Schulden übernehmen müssen. Aber er konnte einen Teil unseres großen Grundstücks an einen reichen Nachbarn verkaufen und damit viele Schulden tilgen. Und er hatte immerhin ein Geschäft und ein Anwesen, aus dem er etwas machen konnte. Ich hingegen hatte nichts.

Freundinnen – ein Trost

Ich konnte immer gut arbeiten, egal was sonst in meinem Leben gerade los war. So auch jetzt. Aber ich war extrem nervös, hatte schwere Albträume, Nacht für Nacht. Meist fühlte ich mich von einem riesigen schwarzen Monster bedroht. Wenn ich im Urlaub war, nachts in einem fremden Zimmer aufwachte und nicht gleich den Lichtschalter fand, geriet ich in Panik, der kalte Schweiß brach mir aus.

Und ich verursachte mehrere Autounfälle mit meinem kleinen Fiat. Es war nicht erklärbar, warum ich so viele Unfälle baute. Immer waren es nur Blechschäden, nie kam dabei ein Mensch zu Schaden. Zum Glück. Heute bin ich der festen Überzeugung, dass ich damit unbewusst und vielleicht nicht sehr geschickt versuchte, mir etwas anzutun. Ich fuhr irgendein Auto an, oftmals ein parkendes. Nicht, weil ich nicht fahren konnte, ich hatte die Führerscheinprüfung genauso gut wie alle anderen in meinem Kurs bestanden. Nein, ich war einfach sehr unglücklich. Es gab niemanden, auf den ich mich hätte verlassen, dem ich mich hätte anvertrauen können.

Deshalb fuhr ich schließlich zu einem Arzt in einer 40 Kilometer entfernten Stadt. Er verschrieb mir Valium. Das vertrug ich aber nicht, bekam am ganzen Körper Ausschlag. Also musste ich es wieder absetzen. Ich hatte ohnehin genug von »ärztlicher Hilfe«, denn es hatte ihn nicht wirklich interessiert, wie es mir ging.

Aber mein Leben war auch in dieser Zeit nicht nur trist. Ich spielte Tennis, mehr schlecht als recht, und fuhr Ski. Das ist im Bayerischen Wald ohne großen Aufwand möglich. Besonders im Gedächtnis geblieben sind mir die Skifahrten am Großen Arber, dem höchsten Berg des Bayerischen Waldes. Er ist zwar nur 1456 Meter hoch, hat aber schöne Pisten. Und er bietet eine Besonderheit, die in vielen Fotobänden und Filmen zu bewundern ist, die »Arbermandl«. Sie entstehen durch Eisschnee in Kombination mit scharfem Ostwind. Die Latschen und Bergfichten erstarren dabei zu unglaublich skurril, fast gespenstisch anmutenden riesenhaften Gestalten. In dieser Szenerie Ski zu fahren war toll.

Und ich pflegte Freundschaften. Um möglichst wenig Zeit in meinem Elternhaus verbringen zu müssen, fuhr ich öfter übers Wochenende weg, besuchte gern eine Freundin, die in Baden-Württemberg wohnte. Ich hatte sie in einem Urlaub kennengelernt. Wir fuhren mehrmals zusammen in den Urlaub, nach Italien, Österreich, Teneriffa. Ich folgte sogar der Einladung einer Bekannten, die einen reichen Amerikaner geheiratet hatte, nach Chicago.

Das passte meiner Mutter nun auch wieder nicht, und sie fing erneut an, mich niederzumachen.

»Ganz in Ordnung ist das nicht, dass du jetzt Geld verdienst, zu Hause nichts abgibst und bei uns mit am Tisch sitzt und isst.« Mit »uns« meinte sie Heribert und sich selbst.

Nach der Testamentsunterschlagung war das schon ein starkes Stück, fand ich. Also reagierte ich entsprechend: »Ihr habt mich um mein Erbe gebracht, ich sehe das nicht ein. Durch das Wohnrecht wohne ich eh umsonst, und das Essen verdiene ich mir, weil ich immer noch viel mitarbeite.« Natürlich hätte ich zu Hause etwas abgeben können, aber angesichts der Tatsache, dass mir eigentlich immer nur übel mitgespielt wurde, konnte ich mich dazu nicht durchringen, zumal ich in meiner Freizeit auch noch ordentlich im Geschäft und im Haushalt mithalf.

Home, sweet home?

Saß ich im Garten und genoss einfach nur die Wärme der Sonne auf meinem Gesicht, konnte meine Mutter mich unmöglich in Ruhe lassen. Immer hatte sie irgendwelche Aufgaben parat, die zu erledigen waren, die ich erledigen sollte: »Helma, hast du nichts zu tun? Die Fenster müssen geputzt werden. Und die Johannisbeeren sind reif, die musst du pflücken. Der Schuppen muss auch aufgeräumt werden.«

Eine weitere Schikane erlebte ich jeden einzelnen Sonntagmorgen: Um Schlag sieben Uhr betrat meine Mutter mein Zimmer – um die Pflanzen zu gießen! Sie ging dabei auf Zehenspitzen, damit wollte sie demonstrieren, wie rücksichtsvoll sie doch war. Das war aber völlig unsinnig, denn sie war ziemlich mollig, unter ihrem Zehenspitzengang erzitterte der Fußboden, sie war nicht zu überhören. Natürlich wachte ich auf, an Ausschlafen war nicht mehr zu denken. Und das war auch der Sinn dieser Aktion: Ich sollte arbeiten, nicht schlafen! Mein Bruder durfte am Sonntag natürlich bis mittags in den Federn bleiben. Ich weiß noch, dass ich mit einer ohnmächtigen Wut im Bett lag. Ich hatte Mordgedanken, hätte meiner Mutter an die Gurgel gehen können.

Sie konnte mich einfach nicht in Ruhe lassen. Der einzige Ort, an dem ich vor ihr sicher war, war das Klo. Aber auch da klopfte sie an die Tür und forderte mich auf herauszukommen, wenn es ihr zu lange dauerte.

Sicher ist ihr Verhalten von damals ein Grund dafür, dass ich bis heute viel Freiraum brauche, immer wieder Zeiten haben muss, in denen ich ganz für mich sein kann.

Meiner Mutter passte es auch ganz und gar nicht, wenn ich ein Buch las. Das war schon in meiner Kindheit so gewesen. Meine Kinderzimmertür – im neu gebauten Haus hatte ich endlich einen eigenen Raum bekommen – war nicht durchgängig aus Holz, sondern bestand zum größten Teil aus Milchglas. Sah sie abends, dass noch Licht in meinem Zimmer brannte, weil ich im Bett las, hieß es sofort: »Hör auf zu lesen, du verbrauchst Strom!« Ich las dann unter der Bettdecke mit der Taschenlampe weiter, doch auch das entdeckte und untersagte sie.

Dabei liebte ich Bücher. Als ich klein war, hatte mir mein Vater viele Märchen vorgelesen, ebenso eine Cousine meiner Mutter, die eine Zeit lang als Hausmädchen bei uns beschäftigt gewesen war. Einige Märchen hatte ich so oft gehört, dass ich sie auswendig konnte. Kamen Geschäftsfreunde meines Vaters zu Besuch, behauptete er: »Meine Tochter kann schon lesen, obwohl sie erst vier ist!« Und ich musste dann aus dem Märchenbuch »vorlesen«, obwohl ich es gar nicht konnte. Aber ich wusste jedes Wort und sogar die richtige Stelle, an der ich umblättern musste. Alle waren sehr beeindruckt, dass ein vierjähriges Mädchen so gut lesen konnte. Dass das gelogen war, interessierte mich damals nicht. Ich freute mich über das Lob und die Aufmerksamkeit, und mein Vater betrachtete die Täuschung seiner Freunde als Gaudi.

Kompliziertes Liebesleben

Damals wurde auch am Samstag gearbeitet, deshalb war die Zeit, die ich daheim verbrachte, begrenzt – vielleicht wäre ich sonst auch nicht so lange zu Hause wohnen geblieben.

Die Zeit zu Hause reduzierte sich noch mehr, als ich mit Anfang zwanzig Toni kennenlernte. Er war um viele Jahre älter als ich, weltgewandt, weit gereist, gebildet, politisch sehr interessiert. Ich liebte ihn, und er liebte mich. Bis heute habe ich nicht vergessen, wie er einmal zu meinem Geburtstag im März auf einem Baumstumpf mitten im noch tief verschneiten Wald einen Geburtstagstisch für mich gedeckt hatte, mit Kerzen und Sekt und einem Geschenk. Zauberhaft war das und sooo romantisch!

Ich habe aber auch nicht vergessen, dass er mich einmal liebevoll in den Arm nahm und ganz vorsichtig fragte, ob sich vielleicht mein Vater an mir vergangen habe; er hätte da so ein Gefühl. Doch ich hatte alles, was über die väterliche Liebe hinausging, derart verdrängt, dass ich gar nicht wusste, wovon er redete. Ich verneinte vehement.

Fünf Jahre lang schrieben wir uns beinahe täglich einen Brief – damals kannte man ja noch keine E-Mails. Es waren leidenschaftliche Briefe voller Liebesschwüre, und darum glaubte ich auch daran, dass er sich eines Tages von seiner Freundin trennen würde. Dass er eine hatte, wusste ich, sie war jedoch nur an den Wochenenden bei ihm, und ich war felsenfest davon überzeugt, dass ich Toni für mich gewinnen würde, zumal er häufiger davon sprach, dass er sich trennen wollte. Und er wollte mich heiraten, auch das hatte er mir mehrmals zu verstehen gegeben.

Durch Toni begann ich, mich für Politik zu interessieren. Er gab mir Magazine wie den *Spiegel* zu lesen, mit interessanten Artikeln, über die er mit mir diskutieren wollte.

Aber ich war eben nur die heimliche Geliebte, offiziell durfte niemand von uns wissen. Meine Mutter ahnte tatsächlich nichts. Mein Bruder hatte uns einmal gesehen, doch in mein Liebesleben mischte er sich nicht ein; es kam ihm zum Glück auch nicht in den Sinn, mich bei meiner Mutter zu verpetzen.

Es störte mich sehr, dass Toni und ich uns nur heimlich treffen konnten, so manchen Abend weinte ich deswegen viele Tränen. Aber wenn ich wieder einen Brief von ihm bekam (unsere Post wurde an ein Postfach geschickt, das mein Bruder leerte, sodass meine Mutter nichts bemerkte), war aller Kummer vergessen. Über fünf Jahre führten wir eine leidenschaftliche Beziehung, zumindest in dem Rahmen, den Toni vorgegeben hatte.

Mehrmals überlegte ich, mich von Toni zu trennen. Aber dann sagte ich mir immer, dass ich ihn liebte, dass er mit der anderen nicht zusammenlebte, dass er sogar andeutete, dass er eines Tages nicht meine Nebenbuhlerin, sondern mich heiraten würde.

Zu meinem 25. Geburtstag lud mich Toni zu einem Städtetrip nach Barcelona ein. Konnte es sein, dass er mir hier einen Heiratsantrag machen wollte? Lange genug waren wir ja schon zusammen. Aufgeregt saß ich im Flieger, aufgeregt betrachtete ich auf dem Weg vom Flughafen ins Hotel die Häuser der katalanischen Hauptstadt. Und dann, bei einem festlichen Abendessen in einem schönen Restaurant, eröffnete mir Toni, dass er heiraten würde – aber nicht mich, sondern die andere. Die Reise sei sein Abschiedsgeschenk an mich. Nun, dieses Geschenk hätte er sich sparen können, denn wie konnte ich nach einer solchen Offenbarung noch Freude an einer Stadtbesichtigung haben? Diese Reise hatte er mir gründlich vermasselt.

Ich brauchte eine Weile, bis ich mich von dem Schock erholt hatte. Doch dann lernte ich Konrad kennen, der geschieden war. Bei ihm, so dachte ich, werde ich keine heimliche Geliebte sein. Es wird kein Versteckspiel geben.

Wir verbrachten eine schöne Zeit miteinander. Aber dann kam der Samstag, an dem ich an seinem Schreibtisch saß, weil er noch etwas erledigen musste. Und mein Blick fiel auf die Zeitung, die aufgeschlagen auf dem Tisch lag – so aufgeschlagen, dass ich darin offenbar etwas sehen sollte: Da war eine Heiratsannonce, unzweifelhaft von ihm. Mein Freund suchte eine Frau zum Heiraten.

Ich war entsetzt, mein Herz raste. Als Konrad zurückkam, stellte ich ihn zur Rede. Er gab ohne Umschweife zu, dass er eine Frau zum Heiraten suche, er wollte nach seiner Scheidung wieder eine Familie gründen.

»Und warum bin ich nicht diese Frau?«, fragte ich ihn unter Tränen.

»Das kann ich dir erklären«, sagte Konrad. »Du bist wirklich sehr lieb und nett. Aber du bist mir zu wenig selbstbewusst, hast zu viele Minderwertigkeitskomplexe. Ich suche eine Frau, die weiß, was sie will, und die nicht so scheu und schüchtern ist.«

Ich stand auf und ging. Ich habe ihn nie wiedergesehen. Aber seine letzten Worte, die gingen mir lange nach: eine Frau, die weiß, was sie will …

Nicht jammern –
das Problem lösen

Mir reichte es mit den Männern, mit meiner Mutter, mit der Kleinstadt. Es war Zeit, es noch einmal in München zu probieren. Bevor ich diesen Plan aber in die Tat umsetzte, verwirklichte ich noch eine andere Idee, und darüber freue ich mich noch heute, ist es doch ein Sinnbild dafür, dass man, wenn einem Schlimmes widerfährt, nicht nur passiv leiden muss – man kann auch aktiv werden und Lösungen finden.

Ich hatte nicht nur Liebeskummer, sondern ich brauchte auch Geld, sowohl für München als auch für mein Auto, meinen uralten hellgrauen Fiat 500. Mit ihm fuhr ich zum Tennis, zum Skifahren, überall in die nähere Umgebung. Ich brauchte diesen Wagen, aber ständig war er kaputt – und die Reparaturen rissen mich gewaltig in die Miesen.

Was kann ich tun, so überlegte ich, um zusätzlich Geld zu verdienen? Was konnte ich gut? Schnell hatte ich eine Antwort parat: Ich beherrschte perfekt Stenografie und das Zehnfinger-Tippsystem auf der Schreibmaschine. Ich fragte meinen Bruder: »Was hältst du davon, wenn ich jungen Bauern und Bäuerinnen in den umliegenden Dörfern Schreibmaschinenkurse anbiete? Die Landwirte müssen doch heutzutage Maschine schreiben können, um ihre Abrechnungen und Bestellungen zu erledigen.« Heribert war sofort begeistert, denn meine Idee konnte auch sein Geschäft beflügeln – durch den Verkauf von Schreibmaschinen, Papier, Farbbändern und entsprechenden Lehr- und Übungsbüchern.

Jetzt ging es an die Umsetzung. Heribert ließ Plakate drucken: »Schreibmaschinenkurs mit Helma Fritz im Dorfgasthaus«, und ich suchte mit meinem Fiat nach kleinen Ortschaften in der Gegend mit einem einigermaßen gemütlichen Wirtshaus und klärte alles mit den Besitzern ab. Dann hing ich ein Plakat auf und wartete auf die Reaktionen. Kurz vor dem geplanten Beginn des Kurses rief ich die jeweiligen Wirte an, und die Resonanz hätte nicht besser sein können: In fast jedem Dorf hatten sich fünf oder sechs Teilnehmer gemeldet. Das war mehr, als ich erwartet hatte. Was ich für den Kurs verlangt habe, weiß ich nicht mehr, aber es war mit Sicherheit wenig – die Bauern hatten ja nicht viel Geld.

Die Kurse fanden abends statt – tagsüber arbeitete ich ja –, und außerdem in den Wintermonaten, denn in dieser Zeit war in der Landwirtschaft weniger zu tun.

Der Winter, in dem ich mein Projekt startete, hatte es allerdings in sich. Damals war der Bayerische Wald noch sehr dünn besiedelt, und ich musste mit meinem klapprigen Fiat über kleine Straßen, die durch dichten, dunklen Wald führten, über Schnee und Eis fahren. Nirgendwo gab es eine Beleuchtung, und meine Furcht vor der Finsternis war immer noch sehr präsent.

An eine Fahrt erinnere ich mich noch genau. Im Radio war ein Schneesturm angesagt worden. Ich konnte aber den Kurs nicht absagen, denn die Teilnehmer hatten kein Telefon. Also machte ich mich mit Angst und Bangen auf den Weg. Die kleinen Landstraßen waren mit reichlich Schnee bedeckt, der Sturm häufte ihn auch noch auf. Geräumt war nirgendwo. Ich fuhr ganz langsam, kam aber trotzdem ins Rutschen und blieb in einer Schneewehe stecken – die Räder griffen nicht mehr. Ich schwitzte Blut und Wasser, weil ich nicht wusste, wie ich mich aus dieser Situation befreien sollte. Rundherum nur Wald, weit und breit kein Haus, zu dem ich laufen konnte, um Hilfe zu holen, kein anderes Auto in Sicht. Eine Telefonzelle konnte ich in dieser Einöde auch vergessen. Doch ich musste einen Weg finden, um nicht am Ende in der eisigen Kälte allein die Landstraße bis zum nächsten Dorf entlangwandern zu müssen. Fieberhaft dachte ich nach. Schließlich fiel mir ein, was mein Fahrlehrer einmal gesagt hatte: »Wenn die Räder nicht greifen, kann man die Fußmatten rausnehmen und unter die Räder legen.« Augenblicklich probierte ich es aus – und nach mehreren Versuchen klappte es. Selbst ist die Frau, dachte ich. Ich war stolz auf mich.

Natürlich kam ich nicht rechtzeitig im Wirtshaus an. Aber wegen des unwirtlichen Wetters hatten alle damit gerechnet, dass ich zu spät eintreffen und unterwegs Probleme haben würde. Erfreut wurde ich begrüßt und bekam einen heißen Tee. Und dann ging es gleich los.

Alle Teilnehmer beherrschten am Ende des Kurses das Zehnfingersystem und waren in der Lage, Geschäftsbriefe oder Schreiben an Behörden aufzusetzen. Sie fanden es großartig, so etwas zu lernen, und ich freute mich sehr, dass sie so eifrig bei der Sache waren. Und nicht zu vergessen: Ich kam dadurch aus meinen Miesen heraus und konnte sogar eine kleine Reserve anlegen.

Verdienen und gewinnen:
mehr Selbstbewusstsein

Mein Erfolg mit den Kursen sprach sich herum. So kam es, dass die Firma REHAU, die Kunststoff verarbeitet und weltweit mehrere Standorte unterhält, unter anderem damals einen im Bayerischen Wald, Kontakt zu mir aufnahm. Sie hätten, so sagte man mir, mehrere Lehrlinge mit miserablen schulischen Leistungen. »Wäre es möglich, dass Sie denen Nachhilfe in Steno und Schreibmaschine geben?« Ich sagte sofort zu und unterrichtete fortan jeden Samstag. Das lohnte sich für alle: für mich wegen der guten Bezahlung, für die Firma und die Lehrlinge wegen des Erfolgs, denn viele meiner »Nachhilfeschüler« schlossen schließlich mit einer Eins ab und waren dann als gut ausgebildete Kräfte dem Unternehmen sehr nützlich.

Weil es mit meinen Kursen so gut lief, siedelte ich nicht so schnell wie geplant nach München um, sondern veranstaltete noch über zwei weitere Winter meine Schreibmaschinenkurse in Wirtshäusern.

Meiner Mutter passte es absolut nicht, dass ich durch meine Tätigkeit deutlich an Selbstbewusstsein gewann. Eines Abends saßen wir zusammen im Wohnzimmer und sahen fern. Eigentlich sah nur ich fern, denn sie schaute nicht auf das Gerät, sondern blickte unablässig mich von der Seite an, als hätte ich etwas so Entsetzliches an mir, dass sie den Blick nicht abwenden konnte.

Langsam wurde ich nervös, und schließlich fragte ich: »Was ist denn? Warum schaust du mich unentwegt an?«

Meine Mutter seufzte: »Weil du so hässlich bist, so hässlich. Was soll aus dir nur werden …« Diese Litanei kannte ich schon, neu war jedoch, dass sie dieses Mal im Ton der mütterlichen Fürsorge vorgetragen wurde. Leider trafen mich die Worte meiner Mutter immer noch zutiefst. Die Freunde, die ich gehabt hatte, fanden mich zwar hübsch. Aber sie hatten sich letztendlich nicht für mich, sondern für jemand anderen entschieden. Wie konnte ich ihnen also glauben?

Mein Selbstbewusstsein, das sich allmählich entwickelte, war noch so dünn wie die erste Schicht Eis auf einer Wasserfläche: Machte jemand eine blöde Bemerkung, brach es ein. Meine Pleiten mit den Männern wirkten nach, wie auch vieles andere. Jetzt wurde es wirklich Zeit, dass ich hier rauskam, aus der Enge meines Lebens, hinein in die Welt … in der ich schon einmal gescheitert war. Egal, irgendwo musste es Heilung geben. In der Nähe meiner Mutter würde ich sie nie finden.

Mein Entschluss, es noch einmal in München zu probieren, wurde durch etwas Unvorhergesehenes bestärkt: Als die alljährliche Aufsichtsratssitzung bei der Regentalbahn stattfand, die ich als Sekretärin und Protokollantin betreute, sagte der Aufsichtsratsvorsitzende, einer der Direktoren der damaligen Bayerischen Staatsbank, zu mir: »Ich will Sie nächstes Jahr nicht mehr hier sehen. Sie versauern hier. Ich bin sicher, Sie können viel mehr. Machen Sie sich auf den Weg!«

So etwas hatte noch nie jemand zu mir gesagt. Ich war aufgeregt und glücklich und wollte mein Vorhaben sofort in die Tat umsetzen.

Das Kapital
und seine Folgen

Diesmal schaffe ich es, sagte ich mir und gab 1970 eine Zeitungsannonce in einer Tageszeitung auf, um in München eine kleine Wohnung zu finden. Es meldete sich lediglich eine Frau, die ein Zimmer vermieten wollte. Eigentlich wollte ich nicht zur Untermiete bei einer Fremden wohnen, doch ich dachte: Bin ich erst mal in München, werde ich leichter an eine eigene Wohnung kommen.

Das Zimmer lag im Glockenbachviertel, und die Vermieterin war eine schreckliche Person, mit schmalen Lippen, einem grauen, fettigen Zopf, den sie zu einem Dutt geschlungen hatte, und stechenden kleinen Augen. Sie war – auf den Punkt gebracht – eine Ausbeuterin. Sie hatte ihre Küche mehr schlecht als recht entkernt – es waren noch alle Armaturen zu sehen –, ein Bett und einen Schrank hineingestellt, fertig war ein sechs Quadratmeter großer möblierter Raum. Passte ich nachts nicht auf, stieß ich mit dem Kopf gegen den Wasserhahn. Diese Bleibe kostete auch noch – für damalige Verhältnisse – sehr viel Geld, ich glaube, es waren 150 Mark. Aber eine andere Wahl hatte ich zu der Zeit nicht.

Eine Arbeitsstelle hatte ich schon von meinem Heimatort aus ausfindig gemacht. Ich sollte als Sekretärin bei der Neuen Heimat anfangen – ein perfekter Name für meine Situation –, einer Wohnungsbaugesellschaft, die damals dem Deutschen Gewerkschaftsbund gehörte. Da die Gesellschaft auch über sogenannte Bestandswohnungen verfügte, bewarb ich mich schon sehr bald um ein Apartment. Nur wenige Monate musste ich bei der unsympathischen Vermieterin verbringen, dann war dieses Ausbeuterkapitel abgeschlossen. Mein erstes eigenes kleines Apartment hatte fünfundzwanzig Quadratmeter, und es war für mich der Himmel auf Erden, mit einer Miniküche und einem Duschbad. Mit viel Liebe richtete ich es mit hübschen Möbeln ein. Endlich konnte ich über alles selbst bestimmen.

Aber das stimmte nicht ganz. In der ersten Zeit in München fuhr ich jedes Wochenende nach Hause zu meiner Mutter. Nun klingelte ich, denn ich besaß keinen Schlüssel mehr für mein Elternhaus. Wenn meine Mutter die Tür öffnete, schaute sie mich als Erstes von oben bis unten an und sagte schließlich: »Wie siehst du denn wieder aus?!« Kein »Grüß Gott«, sondern gleich wieder eine abfällige Bemerkung – dabei hatte ich gedacht, dass ich hübsch angezogen war.

Warum tat ich mir das nur an? Eine gute Frage! Ich hegte wohl immer noch, jedes einzelne Wochenende, die Hoffnung, dass es dieses Mal anders werden würde, dass sie mich in den Arm nehmen und sagen würde: »Schön, dass du da bist. Wie nett du heute aussiehst!« Aber natürlich erfüllte sich mein sehnlichster Wunsch nie. Und eines Tages, nach einem Viertel-, vielleicht auch erst nach einem halben Jahr, als meine Mutter wieder ausfällig wurde, während ich noch auf der Türschwelle stand – »Mit was bin ich bloß im Leben geschlagen!« –, drehte ich mich um und fuhr zurück nach München. Zwei Jahre kehrte ich danach nicht mehr nach Hause zurück. Das war für mich der Abschluss, ich hatte endlich verstanden, dass ich von dieser Frau nichts erwarten konnte.

Ein völlig neues Leben

In meinem Berufsleben lief alles bestens. Es gab bei der Neuen Heimat Bayern einen Vorstand mit vier Geschäftsführern, und beim technischen Geschäftsführer wurde eine Chefsekretärin gesucht. Ich bewarb mich auf diese Stelle – und bekam sie, vielleicht auch, weil ich in diesem Sekretariat schon einmal ausgeholfen hatte. Auf einmal war ich Chefsekretärin in einem ziemlich großen Konzern, noch dazu in München, das war schon eine andere Dimension als die kleine private Eisenbahngesellschaft im Bayerischen Wald!

Ich hatte das Gefühl, ein völlig neues Leben anzufangen, in einer völlig anderen Welt. Mit den zwei anderen Chefsekretärinnen, Bärbel und Karin, hatte ich engen Kontakt. Wir freundeten uns an. Noch heute, nach fast fünfzig Jahren, treffen wir uns regelmäßig. Zu diesem Freundinnenkreis gehört auch Monica, eine Sozialarbeiterin, die bei der Neuen Heimat für die Beratung und Betreuung von Mietern zuständig war, zum Beispiel bei Mietrückstand, Nachbarschaftskonflikten und Ähnlichem.

Bessere Chefs konnte ich mir kaum vorstellen, sie waren freundlich und engagiert. Es gab viele Gespräche mit Architekten über sozialen Wohnungsbau und Gemeinwirtschaftliches, über Großsiedlungen und Wohnformen für kinderreiche Familien. Da München seit den 1950er-Jahren rapide wuchs, was mit einer großen Wohnungsnot einherging, wurde 1960 vom Münchner Stadtrat der Bau von sogenannten »Entlastungsstädten« beschlossen. So sollte in Neuperlach, im Osten von München, eine Satellitenstadt mit 80 000 Einwohnern und 20 000 Arbeitsplätzen entstehen, das größte westdeutsche Siedlungsprojekt nach dem Zweiten Weltkrieg. 1967 war Grundsteinlegung, die Wohnungen wurden 1978 fertiggestellt, die Einkaufszentren und Geschäftsbauten kamen später hinzu.

Viele der Planungsgespräche für Neuperlach fanden bei der Neuen Heimat statt. Bei jedem dieser Treffen führte eine von uns Chefsekretärinnen Protokoll. Ich ärgere mich noch heute, dass der damalige Münchner Stadtbaurat uns regelmäßig und penetrant »die Schreibmäuse« nannte. Er fand das sehr witzig. Wir waren empört, denn wir waren so etwas nicht gewohnt – unsere Chefs behandelten uns mit Achtung und Respekt. Aber niemand außer uns regte sich darüber auf. Heute wäre so etwas undenkbar.

Schluss mit der Kirche

Kurz nachdem ich mich 1970 in München niedergelassen hatte, trat ich in die SPD ein. Durch meinen früheren Freund Toni hatte ich angefangen, mich für Politik zu interessieren – und damit war auch nicht Schluss, nachdem er mir in Spanien seine Heiratspläne offenbart hatte. Ich wollte selbst aktiv werden. Und weil mir die politische Ausrichtung der Sozialdemokraten näher lag als die der Christlich-Sozialen, traf ich eine für Bayern eher unübliche Entscheidung.

Meine Mutter war natürlich entsetzt, zumal ich gleichzeitig aus der katholischen Kirche austrat. Aber der Katholizismus war mir ein Gräuel, deshalb war dieser Schritt nur konsequent.

In meiner Kindheit liebte ich – wie alle Kinder – den Prunk und Pomp, den die Kirche entfalten konnte. Ein katholisches Hochamt an einem der hohen Feiertage war als Inszenierung (heute würde man sagen: »Event«) nicht zu überbieten. Und natürlich liebte ich als Heranwachsende die Maiandachten, zumal sie eine der wenigen Gelegenheiten waren, an denen ich abends weggehen durfte.

Aber ich hatte in meiner Kindheit auch erlebt, wie die katholische Kirche die Strenge und Unerbittlichkeit meiner Mutter letztlich noch verstärkte. Sie hatte sich ja auf mich konzentriert, mich unentwegt im Auge gehabt, überall beobachtet und kontrolliert, niemals hatte sie mich einfach sein lassen können. Und das passte sehr gut zum sogenannten »Auge Gottes«, in Bildern umgeben von einem Strahlenkranz und umschlossen von einem Dreieck. Mochte es für die Dreieinigkeit stehen, für Gottvater, Jesus und den Heiligen Geist, in der religiösen Praxis bedeutete es in unserem Ort: Alles, was du tust, wird gesehen, denk nicht mal daran, etwas verbergen zu wollen. Schon in der Bibel erscheint das Auge als Symbol der Allgegenwart Gottes. Und im Alten Testament heißt es: »An jedem Ort sind die Augen des Herrn, sie wachen über Gute und Böse.« Das allwissende Auge war ein steter Appell an das Gewissen von uns armen Sündern – und daran, sich als Mensch nicht gegen die göttliche Ordnung aufzulehnen. Das Dreieck mit dem Auge verfolgte mich bis in meine Träume, in meine Albträume! Und dann noch die Erbsünde. Schon als Kind kam man sündig auf die Welt. Wie sollte ein junger Mensch da ein Gefühl für sich und den eigenen Wert entwickeln können? Besonders die Leibfeindlichkeit und damit einhergehende Scheinheiligkeit der katholischen Kirche fand ich unerhört und empörend. In unserem kleinen Ort wusste jeder, dass der Stadtpfarrer zwei Kinder hatte. Aber sagen durfte man es nicht. Und von der Kanzel wetterte er trotzdem gerne gegen Sexualität und ähnliches Teufelszeug.

Das alles passte nicht mehr zu meinen Vorstellungen von einem freien Leben, weshalb ich nicht länger ein Mitglied dieser über mich wachenden Kirche sein wollte. Die Gesellschaft hatte sich verändert, aber die katholische Lehre verharrte auf ihren eingefahrenen Gleisen.

Mit meinem Eintritt in die SPD und dem Austritt aus der Kirche hatte ich endgültig Schande über meine Mutter gebracht. Ihrer Meinung nach stand nun mein Leben unter einem schlechten Stern – schlechter konnte es gar nicht mehr gehen! Aber sie täuschte sich ...

Erste Schritte in der Politik

Ich wohnte im Osten von München, in der Parkstadt Bogenhausen, eine Wohnanlage, die im Auftrag der Neuen Heimat von dem Architekten Franz Ruf geplant worden war. Auf dem ehemaligen »Führergelände«, für das einst Hitler größenwahnsinnige Pläne gehegt hatte, entstanden ab 1954 2000 Wohnungen für 6000 Menschen.

In der Parkstadt gab es einen Ortsverein der SPD. Ich besuchte die Versammlungen, traf dort viele Studenten, die Aufbruchsstimmung nach der 68er-Bewegung zeigte inzwischen Breitenwirkung. Eine Friedenspolitik, die Sicherung des Friedens, war das große Thema dieser Zeit. Willy Brandt, seit 1969

Kanzler, fand mit seiner Ostpolitik hohe Zustimmung bei den Jusos, der Jugendorganisation der SPD. Wir diskutierten aber zum Beispiel auch über den Radikalenerlass, der dann im Februar 1972 eingeführt wurde: Linke wie auch rechte »Verfassungsfeinde« durften nicht mehr im öffentlichen Dienst arbeiten, Tausende Menschen wurden überprüft, insbesondere Lehrer und Hochschullehrer, aber auch Postboten und Lokführer. Auch über Stadtentwicklung und Zersiedelung, Bodenspekulation und Humanisierung der Arbeitswelt sprachen wir häufig. Zu all diesen und noch vielen anderen Themen gab es interessante Seminare und Vorträge. Ich besuchte so viele, wie ich nur konnte; meine politische Neugierde und Wissbegier war unermesslich. Ich war von der Welt der Politik, ein besseres Wort fällt mir dazu nicht ein, hingerissen. Es war einfach großartig!

Immer wieder sonntags …

Nur sonntags fühlte ich mich oft einsam. Deshalb begann ich, mich ehrenamtlich in einem Waisenhaus zu engagieren. Wer sich mit Psychologie auskennt, ahnt sofort: Ich wollte mit dieser freiwilligen Tätigkeit etwas in meiner inneren Landschaft bearbeiten, Kindern etwas geben, was ich nicht bekommen hatte – und sie vielleicht bislang auch nicht. Im Stadtteil Neuhausen gab es das Löhe-Haus für Waisen – Wilhelm Löhe, ein evangelischer Pfarrer und Seelsorger, hatte im 19. Jahrhundert viele soziale Institutionen in Bayern gegründet. Dort fragte ich an, ob meine Hilfe erwünscht wäre. Die freundliche Antwort kam prompt: »Hilfe können wir immer gebrauchen.« Und so unterstützte ich das Personal bei der Essensausteilung, beim Wickeln der Kleinen oder beim Spielen.

Das war ein Kontrastprogramm zu meiner anderen Wochenendbeschäftigung – ich war oft auf den Straßen unterwegs, um für die SPD Plakate zu kleben. Besonders aufregend war es, wenn auf der anderen Straßenseite Anhänger der CSU mit Leim und Papierrollen unterwegs waren. Damals waren ja SPD und CSU noch richtig verfeindete Parteien, sodass die Plakataktionen nicht ohne verbale Kraftakte und gewaltige Kampfansagen abgingen. Spannend war es dennoch.

Ein Seminar mit Folgen

Spannend versprach auch ein Seminar zu werden, das Karl Marx und sein Buch *Das Kapital* zum Thema hatte. Ich wollte unbedingt teilnehmen, obwohl es anstrengend war, den langatmigen Ausführungen zu folgen; ich nickte dabei immer wieder ein, denn nach meinem langen und anspruchsvollen Arbeitstag war ich ziemlich müde. Dennoch wollte ich verstehen, was es mit dem berühmten Marx und seinem viel zitierten Buch auf sich hatte. Doch das war nicht einfach. Die meisten anderen Teilnehmer konnten den Thesen von Marx scheinbar besser folgen, es waren vorwiegend Studenten, die einen ganz anderen Tagesablauf als ich hatten.

»Es geht Marx um den Klassenkampf«, sagte einer der Seminarteilnehmer. »Die Reichen werden immer reicher, die Masse der armen Arbeiter immer ärmer.«

»Genau«, fiel eine sehr kämpferisch eingestellte Frau mit langen blonden Haaren ein. »Die Kapitalisten besitzen die Produktionsmittel, Waren und Fabrikhallen. Die Proletarier haben nur ihre Arbeitskraft. Und mit dieser billigen Arbeitskraft schaffen die Kapitalisten den Mehrwert, der sie stets reicher macht, mit dem sie neue Fabriken bauen und weitere Arbeiter ausbeuten können.«

Ich war fasziniert, das war alles neu für mich!

Als ich während dieser angeregten Diskussion in die Runde blickte, bemerkte ich, dass mich ein männliches Augenpaar im Visier hatte. Ich dachte noch: Hoffentlich hat er nicht bemerkt, dass ich nicht ununterbrochen bei der Sache war. Auf dem Heimweg freute ich mich schon auf den nächsten Karl-Marx-Abend – aber nicht nur auf die Überlegungen, wie man die gesellschaftlichen Verhältnisse grundlegend gerechter gestalten kann, sondern auch auf die Blicke des gut aussehenden jungen Mannes.

Sie blieben auch keineswegs aus, wurden sogar immer intensiver.

»Was machst du so? Studierst du?«, fragte ich ihn dann nach einigen Seminarabenden. So konnte es nicht weitergehen, das ewige Angucken musste ein Ende haben. Ich war über mich selbst erstaunt, war ich doch sonst Männern gegenüber eher schüchtern und scheu, wusste nie so recht, wie ich mich verhalten sollte.

»Bin fast mit meinem Chemiestudium fertig«, erwiderte Erwin Sick – seinen Namen hatte ich inzwischen in Erfahrung gebracht.

Wir kamen ins Gespräch, er begleitete mich nach Hause.

Und einige Treffen später lud er mich zum Essen ein. Aber nicht in ein Lokal: Er wollte für mich kochen. »Chemiker können nämlich meist sehr gut kochen«, sagte er.

Ich besuchte ihn allerdings nicht zu Hause, denn als Student wohnte er noch bei seinen Eltern. Erwin gab mir stattdessen die Adresse eines guten Bekannten, der aus einem reichen Elternhaus stammte und eine eigene Wohnung besaß. Er war verreist, hatte Erwin aber die Schlüssel hinterlassen. Es duftete herrlich, als mir der angehende Chemiker die Tür öffnete. Er führte mich in die geräumige Küche, zu einem Tisch, der hübsch mit Kerzen und Servietten gedeckt war. Ich war aber nicht der einzige Gast, zu dem Essen hatte er auch Freunde eingeladen – sie sollten mich kennenlernen. Dennoch hatte ich das Gefühl, dass Erwin das alles nur für mich arrangiert hatte. Was letztlich ja auch stimmte. Nur für mich! Ich war tief beeindruckt.

Das Essen schmeckte köstlich, Erwin schien offensichtlich ein Gespür für das Kochen zu haben, ohne dass er sich dabei an ein Rezept hielt. Es gab Rehrücken mit karamellisierten Birnen. Später gestand er, dass er, nicht von mir, aber von seinen Freunden ein geringes Entgelt für das Festmahl verlangt hatte, denn die Zutaten waren teuer. Ich fand die Idee pfiffig, und alle hatten auch bereitwillig gezahlt, denn so ein tolles Essen bekamen sie nicht alle Tage serviert.

Als alle gegangen waren, saßen wir zwei noch lange in der Küche bei Kerzenlicht zusammen und redeten. Dabei erzählte ich von meinem Ehrenamt im Waisenhaus. Erwin war überrascht und interessiert. »Könnte ich da mal mitgehen?«, fragte er. Wir verabredeten uns für den nächsten Sonntag.

Als wir gemeinsam im Löhe-Haus auftauchten, bot man uns an, einen kleinen Jungen zu betreuen, er sei zwei Jahre

alt, wir könnten ihn sonntags abholen und etwas unternehmen, in den Tierpark gehen oder an der Isar entlangspazie-
ren. Wir sagten sofort zu. Der Junge mit den wuscheligen
blonden Haaren und den großen Augen hieß Dietmar. Zwei
Jahre lang holten wir, inzwischen ein Paar, ihn jeden Sonntag
ab und machten etwas Schönes mit ihm. Einmal brachten wir
ihn zurück ins Waisenhaus, und ein Junge, der im Heim hatte
bleiben müssen, fragte ihn, was er denn erlebt hätte.

»Ente«, sagte Dietmar voller Stolz.

»Ente?«, wiederholte der andere Junge.

»Ja, und ganz viel Wasser.« Dietmars Augen strahlten.

Wie wenig Worte es doch brauchte, um eine Geschichte zu
erzählen!

Es war herzzerreißend, wie viel Freude ihm das bisschen,
das wir ihm bieten konnten, bereitete. Nach zwei Jahren kam
Dietmar dann zu Adoptiveltern. Sie erzählten uns, das Jugendamt hätte gemeint, unsere Ausflüge hätten sich positiv
auf die Entwicklung des Jungen ausgewirkt, weil sie so ver-
lässlich erfolgten. Erwin und ich freuten uns, dass Dietmar
nun nette Eltern gefunden hatte. Anfangs besuchten wir ihn
ab und zu, aber dann zog die Familie weg, und wir sahen den
Kleinen nicht wieder.

Was ist schon privat?

Das Engagement bei den Jungsozialisten war interessant. Aber dann entdeckte ich die ASF, die »Arbeitsgemeinschaft Sozialdemokratischer Frauen«, für mich, nachdem ich dort einige Veranstaltungen besucht hatte. Und ich engagierte mich in der Frauenbewegung, die zu dieser Zeit hochaktiv war. »Das Private ist politisch!« – der berühmte Slogan sollte zum Ausdruck bringen, dass sich die gesellschaftliche Benachteiligung von Frauen immer wieder auch im scheinbar Privaten zeigte. Ich begriff, dass das, was mir zu Hause widerfahren war, nicht nur ein privates Unglück war, dass es sehr vielen Mädchen so ging, dass das Ganze eine gesellschaftliche Dimension hatte. Diese Erkenntnis war wie ein Befreiungsschlag für mich.

Über sehr vieles wurden mir hier die Augen geöffnet. Einen nachhaltigen Eindruck hinterließ bei mir zum Beispiel ein Seminar zur Darstellung von Frauen in Film und Fernsehen. Wir haben also schon damals, in den 1970er-Jahren, über ein Thema diskutiert, das heute offenbar immer noch relevant ist, wie die Studie »Geschlechterdarstellung in Fernsehen und Film in Deutschland« der Universität Rostock, initiiert von Maria Furtwängler, 2017 zeigt.

In Krimis, die ich gerne sehe, wenn sie spannend und sozialkritisch sind, tauchten damals Frauen in der Regel nur als Hausfrauen auf – oder als Sekretärinnen, die meist vom Kommissar penetrant geduzt wurden, aber natürlich nicht zurückduzen durften! Oder sie verkörperten Prostituierte und Mordopfer. Anspruchsvolle Hauptrollen waren Männern vorbehalten.

Wir ASF-Frauen haben uns auch schon 1977 für die Abschaffung des Ehegattensplittings bzw. aller steuerrechtlicher oder sonstiger Begünstigungen der Institution Ehe starkgemacht: Damit wird nämlich steuerlich die »Hausfrauen-Ehe« gefördert, Paare profitieren finanziell besonders, wenn einer (meist natürlich der Mann) sehr viel und einer wenig oder gar nichts verdient. Leider blieb der Protest – bis heute! – erfolglos. Außerdem setzten wir uns unter anderem ein für gleichen Lohn für gleiche Arbeit, für mehr Kinderkrippen und Kitas, für gerechtere Arbeitsteilung im Haushalt. Und wir forderten, dass das Leitbild der Frau das der berufstätigen Frau sein sollte, die ihren Lebensunterhalt selbst erwirtschaften kann.

Schaue ich mir heute die Unterlagen aus dieser Zeit an, komme ich aus dem Kopfschütteln nicht mehr heraus. Natürlich hat sich einiges geändert in den letzten vierzig Jahren, aber trotzdem diskutieren wir heute, 2018, immer noch viele der Themen von damals!

Ein sehr wichtiges Thema, das in den 1970er-Jahren die ganze Gesellschaft bewegte, war die Forderung nach der Abschaffung des Paragrafen 218. Viele junge Frauen wissen heute wahrscheinlich gar nicht mehr, dass eine Frau, die einen Schwangerschaftsabbruch vornehmen ließ, damals mit einer Freiheitsstrafe von bis zu fünf Jahren rechnen musste. Am 24. April 1974 veranstalteten ASF und Jusos gemeinsam eine große Demonstration am Münchner Marienplatz mit etwa 10 000 TeilnehmerInnen. Die ASF machte sich für eine straffreie Schwangerschaftsunterbrechung während der ersten drei Schwangerschaftsmonate stark; dies wurde dann 1976 als Indikationsregelung gesetzlich verankert.

Die ASF stellte auch die Forderung, man möge in München ein Frauenhaus einrichten.

Starke Frauen überall

Nach einiger Zeit aktiver Mitgliedschaft wurde ich in den Vorstand der ASF gewählt. Aus dieser Zeit stammt meine Freundschaft mit Friedel Schreyögg, die ebenfalls im ASF-Vorstand war und mit der ich eng zusammenarbeitete. Friedel wurde 1985 die erste Leiterin der Gleichstellungsstelle der Stadt München und übte dieses Amt dreiundzwanzig Jahre lang aus. Aus den Diskussionen mit ihr lernte und lerne ich viel. Bis heute versorgt sie mich mit aktuellen Studien zu allen Frauenthemen.

Mich beeindruckten die vielen SPD-Frauen, die sich für Frauen und ihre Rechte eingesetzt haben: Zum Beispiel Marie Juchacz, Sozialreformerin und Frauenrechtlerin, die 1919 die Arbeiterwohlfahrt gründete. Sie war die erste Frau, die in einem deutschen Parlament eine Rede hielt. Oder Ottilie Baader, Anfang des 20. Jahrhunderts Kämpferin für das Frauenwahlrecht, für Frauen- und Kinderschutz und für bessere Arbeiterinnenbildung. Oder Toni Pfülf, die 1919 die Abschaffung des Lehrerinnenzölibats durchsetzte (das dann leider 1923 aus arbeitsmarktpolitischen Gründen wieder eingeführt und erst 1957 ganz abgeschafft wurde). Außerdem war sie Ende der 1920er-Jahre erbitterte Gegnerin des Nationalsozialismus. Und natürlich Elisabeth Selbert, eine Politikerin und Rechtsanwältin, der wir es verdanken, dass es – gegen heftigen Widerstand der Konservativen – seit 1949 in Artikel 3 des Grundgesetzes heißt: »Männer und Frauen sind gleichberechtigt.«

Ich möchte noch eine Frau besonders erwähnen, die kaum jemand kennt, die mich zutiefst beeindruckt hat und die bis heute ein Vorbild für alle Frauen sein kann: Pauline Staegemann (1838–1909), Sozialdemokratin und Gründerin des ersten Berliner Arbeiterfrauen- und Mädchenvereins. Sie war die Urgroßmutter der ehemaligen Präsidentin des Bundesverfassungsgerichts, Jutta Limbach. Jutta Limbach hat ihr Leben in dem kleinen Buch *Wahre Hyänen* beschrieben, das mir erst vor Kurzem in die Hände fiel.[1]

Pauline Staegemann war eine eigenständige und selbstbewusste Frau. Das Frauenbild des 19. Jahrhunderts, wonach die Frau ins Haus gehörte und ihr eigentlicher Beruf Ehe und Mutterschaft war, interessierte sie nicht.

Sie und ihr Ehemann, ein Maurer, verstanden sich, ihrer Zeit weit voraus, als gleichverantwortliches, gleichberechtigtes und gleichverpflichtendes Ehepaar, das gemeinsam die Verteilung der Aufgaben in Ehe und Familie regelte.

Trotz Heirat und der Geburt von vier Kindern war es Pauline Staegemann wichtig, wirtschaftlich unabhängig zu sein. Deshalb eröffnete sie bald nach der Heirat einen Gemüsekeller. Dieser sollte die Familie finanziell absichern, falls der Ehemann arbeitslos würde. Nach dem frühen Tod des Ehemannes wurde der Gemüsekeller tatsächlich zur alleinigen Einkommensquelle der Familie.

Pauline Staegemann war auch politisch tätig, gründete und besuchte mit anderen Sozialistinnen Vereine, lud zu Frauenversammlungen ein und warb auch außerhalb von Berlin für den Zusammenschluss von Frauen.

Das war für die damalige Zeit sehr mutig. Denn nach dem »Preußischen Vereinsgesetz« von 1850 galt:

»Für Vereine, welche bezwecken, politische Gegenstände in Versammlungen zu erörtern, gelten nachstehende Beschränkungen:

Sie dürfen keine Frauenspersonen, Geisteskranke und Lehrlinge aufnehmen.«

Wer gegen diese Regelung verstieß, musste mit einer Ordnungsstrafe und der Schließung des Vereins rechnen.

Übrigens: Davon, dass Pauline Staegemann unter der mehrfachen Belastung durch Erwerbstätigkeit, Familienarbeit und politisches Engagement in irgendeiner Form litt, war weder in der Familie der Nachkommen noch im Freundeskreis jemals die Rede.

Wenn ich höre, worüber Frauen heute oft klagen, dann frage ich mich häufig, ob das nicht Jammern auf hohem Niveau ist. Mir fällt dabei immer ein Gespräch mit einer Psychotherapeutin ein, die mir sagte, dass es in der Psychologie den Begriff »Verwöhnungsschaden« gibt.

Alles rund um die Frauenbewegung und Frauenrechte interessierte mich brennend, es war schließlich Teil meines Lebens. Ich hatte mein Thema gefunden! Und mir wurde dadurch auch klar, dass ich keineswegs auf Dauer Chefsekretärin bleiben wollte. Zwar stieg ich weiter die Karriereleiter hinauf und wurde sogar noch Vorstandssekretärin, weil mein Chef in den bundesweiten Vorstand der Neuen Heimat gewählt wurde, aber längst hatte ich erkannt, dass ich nicht mein Leben lang in dieser Welt bleiben wollte, in der wir immer noch das »schwache Geschlecht« waren, in der wir anfangs nicht einmal Hosen, sondern nur Röcke, Kostüme und Kleider tragen durften.

Diese Frau will ich heiraten

»Willst du meine Frau werden?« Toni und Konrad hatten sich nicht zu diesem Satz durchringen können, für Erwin, der inzwischen Diplom-Chemiker war und im Münchner Umweltreferat eine interessante Stelle bekommen hatte, war die Sache schnell klar. Seine Mutter erzählte mir später einmal, dass Erwin schon nach unseren ersten Treffen gesagt hatte: »Diese Frau will ich heiraten.« Dabei war Heiraten in der »Post-68er-Zeit« so ziemlich das Spießigste, was man sich vorstellen konnte! Aber Erwin meinte es ernst.

1972 gingen wir zum Standesamt. Erwin war schon bald nach unserem Kennenlernen in mein Apartment eingezogen, was aber nicht gern gesehen wurde: Unverheiratete sollten damals nicht zusammenleben. Wir entschlossen uns also zur Ehe. Als ich meiner Mutter von der bevorstehenden Heirat erzählte, konnte sie es kaum fassen, dass ich doch noch einen Mann »abgekriegt« hatte, immerhin war ich schon zweiunddreißig. Unter einem Chemiker konnte sie sich nichts vorstellen, aber als Studierter war er Akademiker. In ihren Augen war Erwin das Einzige, was ich in meinem Leben richtig gemacht hatte. Dazu war er noch drei Jahre jünger als ich und optisch durchaus attraktiv.

Dass wir uns aber einzig auf dem Standesamt das Jawort gaben und nicht in der Kirche den Segen Gottes für unsere Ehe erflehten, nahm sie mir bis zu ihrem Tod übel. Aber Erwin hielt, genau wie ich, nichts von der Kirche, und auch seine Familie, die mich sehr nett aufgenommen hatte, war gegen die Kirche und überhaupt sehr fortschrittlich. Für die Zeremonie hatte ich mir ein hübsches buntes Seidenkostüm mit passender Bluse gekauft – und das war es dann auch. Schlicht sollte die Feier sein, mit unserer politischen Haltung übereinstimmen.

Nachdem die Unterschriften auf dem Standesamt gesetzt waren, fuhren wir hinaus nach Aying in ein schönes altes bayrisches Gasthaus. Mein Bruder und meine Mutter waren dabei, ebenso Erwins Vater, seine Schwester und ihr Mann, nicht jedoch seine Mutter, da diese schwer gehbehindert war; aber am Nachmittag fuhren wir alle zu ihr, um Kaffee zu trinken.

Neue Perspektiven

Nach der Heirat erzählte ich Erwin, dass ich nicht auf Dauer als Sekretärin arbeiten, sondern mich beruflich verändern wollte.

»Du weißt, ich bin stolz auf dich und auf das, was du tust«, sagte er. »Aber ich verstehe sehr gut, wenn du für dich eine andere Perspektive suchst. Hast du denn schon eine Ahnung, was du gern tun würdest?«

Ich schüttelte den Kopf. »Leider ist mir noch nichts eingefallen. Es muss etwas sein, das zu mir passt, das mich wirklich in den Bann zieht.«

»So wie ich dich kenne, wirst du schon etwas finden, das deine ganze Aufmerksamkeit verdient.« Erwin war da ganz zuversichtlich.

Es stimmte, bislang hatte ich immer eine Idee gehabt oder

eine Lösung gefunden. So wird es auch dieses Mal sein, dachte ich.

Eines Abends saßen wir in unserer neuen Wohnung auf dem Sofa – in meinem kleinen Apartment war es uns zu eng geworden, außerdem verdienten wir beide gut und konnten uns eine Dreizimmerwohnung leisten – und sahen uns eine Fernsehdokumentation über das erste englische Frauenhaus an. Es befand sich in London, im Stadtteil Chiswick. 1971 war es, anfangs als Krisenzentrum, von Erin Pizzey gegründet worden, einer Diplomatentochter und Autorin, die viele Bücher über Frauen- und Familienthemen geschrieben hatte, auch über häusliche Gewalt. In dem Film wurde erzählt, dass bislang mehr als 10 000 Frauen hier Schutz und Hilfe gesucht hätten. Von England ausgehend, hätte die Frauenbewegung vor allem in den Niederlanden, in Australien, den USA und in der Bundesrepublik das Thema »Gewalt in der Ehe« aufgegriffen, mit dem Ziel, gerade in größeren Städten Frauenhäuser einzurichten und das Thema der Misshandlung von Frauen in die Öffentlichkeit zu tragen. Erschreckenderweise würden 90 Prozent aller Gewaltdelikte gegenüber Frauen in der Kleinfamilie stattfinden, im häuslichen Dunkel, wobei die Misshandlungen zur Folge hätte, dass sich diese weiter perpetuieren würden, von den Eltern auf die Kinder, über Generationen hinweg.

Des Weiteren erfuhr ich in dem Beitrag, dass Frauen, die Gewalt und Misshandlung erleiden mussten, einst in Klöster flohen oder – jedoch nur äußerst selten – Zuflucht bei Verwandten fanden. Eine moderne Gesellschaft müsse demnach ebenso Schutzräume für Frauen zur Verfügung stellen, nur anderer Art, in denen sie bei psychischem und körperlichem Leid Unterstützung finden konnten, in denen ihnen aber auch jemand juristisch zur Seite stehen würde.

Und ich lernte, dass die Frauen in dem Londoner Zentrum sich selbst versorgen mussten. Es gab nur eine sogenannte Hausmutter, eine Art kaufmännische Geschäftsführerin, die sich um die gesamte Organisation kümmerte.

Und plötzlich war mir klar: Das interessiert mich, das will ich machen, ich möchte gern kaufmännische Geschäftsführerin eines Frauenhauses werden. Ich hatte gehört, dass auch in München ein Frauenhaus eröffnet werden sollte. Mein Mann meinte dazu nur: »Wenn das so ist, solltest du dich darum bemühen, diesen Job zu bekommen.«

Ein Haus für
hundert Frauen

»Ich habe erfahren, dass Sie ein Frauenhaus in München planen.« Aufgeregt saß ich vor der Leiterin der Planungsabteilung im Münchner Sozialreferat. »Mich interessiert das wahnsinnig. Ich selbst habe in meinem Leben Misshandlung erlebt, nicht durch einen Ehemann, aber als Kind durch meine Mutter.« Zum Schluss meiner fast atemlos hervorgebrachten Rede kam ich auf den Punkt und sprach aus, aus welchem Grund ich diesen Termin im Sozialreferat vereinbart hatte: »Ein großes Frauenhaus, wie Sie es planen, braucht eine organisatorische Leiterin, eine kaufmännische Leiterin, und das würde ich gern sein.«

Mein Gegenüber betrachtete mich eine Weile, ohne dass ich ihren Überlegungen auf die Spur kam, dann sagte sie: »Und was befähigt Sie dazu? Haben Sie eine entsprechende Ausbildung und Erfahrungen in sozialer Arbeit?«

»Nein, nicht viel«, erwiderte ich ehrlich. »Ich bin von Beruf Vorstandssekretärin, kann aber gut organisieren und habe einen Sinn fürs Wesentliche. Ich denke, das ist schon eine ganze Menge. Auch habe ich eine Zeit lang im Löhe-Waisenhaus ehrenamtlich mitgeholfen und über zwei Jahre lang jeden Sonntag einen kleinen Jungen betreut.«

Die Augenbrauen der Planungsleiterin hoben sich, es schien, als hätte das, was ich gerade erzählt hatte, einen guten

Eindruck gemacht. Das war natürlich auch meine Absicht gewesen, ich hatte alle meine Fähigkeiten in die Waagschale geworfen, denn ich wollte diesen Job unbedingt haben!

Letztlich konnte ich die Planungsleiterin so überzeugen, dass sie mich dem Verein für Fraueninteressen – 1894 gegründet, um Frauen zu Bildung und staatsbürgerlichen Rechten zu verhelfen und jetzt als Trägerverein für das Frauenhaus zuständig – als Mitarbeiterin empfahl.

Und man entschied sich für mich! Ich kündigte 1977 bei der Neuen Heimat, es war eine gute Zeit gewesen, aber ich hatte mich durch meine politische Arbeit weiterentwickelt. Nun musste etwas Neues passieren, auch wenn ich damit wesentlich weniger Geld verdiente.

Das Münchner Frauenhaus war ein Modellprojekt, öffentlich gefördert von der Landeshauptstadt München und dem Freistaat Bayern. Ich war die allererste Mitarbeiterin, stellte zunächst die Anträge für die Finanzierung bei den Geldgebern und wurde dann mit der organisatorischen Vorbereitung des Projekts betraut. In der Folge wurde ein großes, leer stehendes Haus, ein einstiges Wohnheim, nach und nach in ein Frauenhaus umgebaut und im April 1978 eröffnet. Das anonyme Haus – die genaue Adresse wird aus verständlichen Gründen nicht veröffentlicht – existiert bis heute.

Jede Frau sollte sich mit ihren Kindern ein Zimmer teilen und mit den anderen Frauen auf ihrem Stockwerk Küche und Gemeinschaftsräume. Gemeinschaftsaufgaben wie Putzen oder Mithilfe bei der Kinderbetreuung sollten in Eigenverantwortung organisiert und erledigt werden. Die Geschäftsführung teilte ich mir mit einer sehr erfahrenen und angesehenen Sozialpädagogin und Eheberaterin, die schon viele wichtige Initiativen für Frauen gestartet hatte.

Die Aufbauphase war sehr schwierig, weil wir noch nicht auf Erfahrungen zurückgreifen konnten. Zudem erschwerten die äußeren Bedingungen – Renovierung und Modernisierung des 2500 Quadratmeter großen Gebäudes bei gleichzeitigem vollem Betrieb – unsere Arbeit enorm.

Ich hatte die Verantwortung für die gesamte Organisation und Verwaltung des Hauses. So erstellte und überwachte ich den jährlichen Haushaltsplan in Abstimmung mit dem Trägerverein zur Vorlage bei den Geldgebern und verwaltete die Haushaltsmittel von jährlich ca. einer Million D-Mark.

Zusammen mit meiner Geschäftsführungskollegin war ich unter anderem verantwortlich für Personalangelegenheiten, für die Öffentlichkeitsarbeit und für die Vertretung der Einrichtung nach außen.

Das Haus war wirklich riesig. Später sollte es Platz für hundert Frauen bieten. Beginnen wollte man den Betrieb mit ungefähr dreißig Frauen und dreißig bis vierzig Kindern; auch das war schon eine ganze Menge. Bevor es losging, begann ich eine dreijährige Fortbildung in Gruppendynamik an der Deutschen Akademie für Psychoanalyse, um die Abläufe in Großgruppen besser verstehen zu können. Zu meinen Aufgaben sollte es nämlich gehören, die wöchentlich stattfindenden Hausversammlungen zu leiten, zu denen alle im Haus wohnenden Frauen kommen sollten. Großgruppen haben eine bestimmte Dynamik, die man kennen sollte, gerade dann, wenn etwas aus dem Ruder läuft und sich Konflikte anbahnen. Und im Frauenhaus konnte bei dem enormen Potenzial von schweren Schicksalen und Misshandlungen, bei tiefster Verzweiflung und Hoffnungslosigkeit sehr schnell eine aggressive und spannungsgeladene Atmosphäre entstehen. Zudem hatten die Frauen zuvor in Einzelhaushalten gelebt; nun mussten sie sich in einem größeren Verband einordnen und waren damit meist überfordert.

Der Aufenthalt im Frauenhaus war für viele Frauen der Beginn eines neuen Lebens. Oft redeten die Frauen zum ersten Mal über sich, ihre Erlebnisse und Gefühle, und erfuhren, dass ihr oft jahrelanges Elend kein unabwendbares Schicksal war, dem sie ohnmächtig ausgeliefert waren.

Im September 1978 geschah etwas Furchtbares: Eine junge Frau wurde vor unseren Augen von ihrem Mann erschossen. Zwei Straßen weiter jagte er sich dann selbst eine Kugel in den Kopf. Er hatte es nicht verkraftet, dass sich seine Frau, die mit ihren beiden Kindern vor den schweren und brutalen Misshandlungen ihres Mannes zu uns geflüchtet war, von ihm getrennt hatte. Es passierte häufiger, dass Männer eine solche Entscheidung nicht akzeptieren konnten und daraufhin durchdrehten. Immer wieder war in der Presse von ähnlichen Taten die Rede, aber in dieser grausamen Form kam dies in meiner Zeit im Frauenhaus nur einmal vor. Die Frau lag auf dem Boden vor dem Haus, ganz still, eine Kollegin und ich knieten neben ihr auf dem Boden, hielten ihre Hand. Von Minute zu Minute wurde ihr Gesicht bleicher, nahm die Farbe von Wachs an. Bis der Notarzt eintraf, hatte sie zu atmen aufgehört. Für uns alle war es ein großer Schock, mich verfolgte das schreckliche Erlebnis noch sehr lange.

Misshandelte Frauen –
misshandelte Kinder

Die Sozialpädagoginnen im Frauenhaus versuchten, den Frauen und Müttern erst einmal verständlich zu machen, wie wichtig es sei, Abstand von ihren Männern zu gewinnen, aufzuarbeiten, warum der Partner gewalttätig geworden war. Das Münchner Frauenhaus war meines Wissens eines der ersten, das auch den Männern Beratung anbot, denn wir vertraten die Meinung, dass Misshandlung ihren Ursprung in einer ganz bestimmten Familiendynamik hat. Frauen waren nicht immer nur die Opfer, Männer nicht nur die Täter, das hatte schon Erin Pizzey, die Gründerin des weltweit ersten Frauenhauses in London, betont.

Es war wichtig, dass die Männer mit einbezogen wurden – und in vielen, wenn auch nicht in allen Fällen wirkte sich das auch positiv auf die Beziehungen aus. Erfolgreich waren wir meist bei den Familien, in denen beide Partner wirklich etwas ändern wollten; hier standen die Chancen gut. Es gab jedoch auch Familien, in denen die Männer so brutal waren, dass die Frauen um ihr Leben fürchten mussten, und zwar nicht nur um ihr eigenes, sondern auch um das ihrer Kinder. Häufig machten die Männer bei ihren gewaltsamen Ausbrüchen vor den Kindern halt; aber manchmal wurden nicht nur die Frauen geschlagen, sondern irgendwann auch die Kinder verprügelt. Das war dann oft der Anlass für die Mütter, ins Frauenhaus zu flüchten.

Im Rahmen meiner gruppendynamischen Fortbildung schrieb ich 1980 unter dem Titel »Misshandelte Frauen – misshandelte Kinder« für eine Ausgabe des Fachblattes *Dynamische Psychiatrie* einen Artikel. Ich hielt dort unter anderem fest:

»Wir erfahren täglich, wie Frauen immer noch mit Blickrichtung Mann und Ehe erzogen werden. Wir sehen die Schwierigkeiten von Frauen, die keinen Beruf erlernt haben und die finanzielle Abhängigkeit von ihren Männern, wenn sie wegen der kleinen Kinder nicht berufstätig sein können. Wir erleben, wie unselbständig viele Frauen sind und wie wenig Selbstbewusstsein sie haben. Männer glauben immer noch, dass ihre Frau ab und zu eine Tracht Prügel braucht, und Mütter sagen zu ihren Töchtern, wenn diese in ihrer Not bei ihnen Hilfe suchen: ›Das gehört zur Ehe, auch mir ist das nicht anders ergangen.‹«

Schon damals also war mir aufgefallen, welche Folgen Abhängigkeit haben kann und wie wichtig finanzielle Unabhängigkeit ist.

Die Frauen, die zu uns kamen, stammten aus allen gesellschaftlichen Schichten, Frauen von Lehrern, Ärzten und Professoren waren genauso darunter wie Frauen von Arbeitern oder Handwerkern. Gewalt – und daran hat sich bis heute nichts geändert – macht nicht vor Bildung oder Geld halt. Die Frauen, die aus besseren Verhältnissen kamen, fanden nur leichter Lösungsmöglichkeiten für ihre Probleme als etwa Frauen aus dem Arbeitermilieu.

Mit meinen tatkräftigen Kolleginnen arbeitete ich hervorragend zusammen. Konflikte untereinander oder mit einzelnen Frauen konnten wir in einer begleitenden Supervision besprechen. Immer noch schmunzeln muss ich, wenn ich daran denke, dass damals, dem Zeitgeist entsprechend, natürlich alle Entscheidungen basisdemokratisch gefällt werden mussten. Da wir immerhin zwischen sechzehn und zwanzig Mitarbeiterinnen waren, führte das dazu, dass zum Beispiel über

Anschaffungen oft drei Stunden und länger diskutiert wurde, und von diesen langen Diskussionen gab es viele.

Relativ bald fing ich an, öffentlich Vorträge über das Frauenhaus zu halten, um auf die Misere der Frauen, aber auch auf die Probleme der Männer hinzuweisen. Viele Männer hatten in ihrer Kindheit und Jugend Gewalt erlebt und übernahmen das bekannte Muster. Bei anderen Männern konnten wir sehen, dass sie unter großem Stress standen, weil sie es kaum schafften, die Familie zu ernähren. Bei einigen wurde der Stress zudem durch ein Alkoholproblem vergrößert.

Weil das Thema »Misshandlung von Frauen« in der Öffentlichkeit immer noch nicht so recht beachtet und oft verharmlost wurde, war es mir wichtig, in diesen Vorträgen genau zu schildern, wie Frauen geschlagen wurden, welche Misshandlungen sie in einer Ehe erlebten, wie häusliche Gewalt konkret aussah: Hämatome am ganzen Körper, Rippenbrüche, gewürgt bis zur Bewusstlosigkeit, in die Ecke oder an die Wand geworfen, im Winter nackt auf den Balkon gesperrt. Im Nachthemd durch die Straßen gejagt, Haare büschelweise herausgerissen, mit Messern verletzt, mit Zigaretten verbrannt, mit Gegenständen vergewaltigt, zur Prostitution gezwungen, wie Gefangene gehalten, mit Müll oder Essen überschüttet. Die betroffenen Frauen litten nicht nur unter körperlichen Schmerzen, sondern auch unter massiven seelischen Problemen. Viele kämpften mit Depressionen, dachten an Selbstmord.

Unverständnis von Frauen
für Frauen

Nach jedem meiner Vorträge ermunterte ich zur Diskussion. Einmal, das werde ich nie vergessen, meinte eine CSU-Stadt-rätin: »Es ist ja schön und gut, was Sie uns da so ausführlich erklärt haben, Frau Sick. Aber ich bring das mal auf einen ganz einfachen Nenner: Pack schlägt sich, Pack verträgt sich.«

Sprachlos schaute ich die Politikerin an. Wie konnte sie so etwas sagen, nachdem ich gerade erzählt hatte, wie Frauen geschlagen wurden und dass häusliche Gewalt keinesfalls ein Unterschichtenproblem war?

Eine andere Zuhörerin aus derselben politischen Fraktion sagte, auch das weiß ich noch genau: »Die Frauen sollten mal lernen, wie man einen richtig guten Schweinsbraten macht, dann müssten die Männer sie nicht hauen.«

Es war unfassbar! Die Frauen waren also selbst schuld? Wenn sie besser kochen könnten, würden ihre Männer sie selbstverständlich nicht verprügeln? Was war das bloß für ein Frauenbild? Wir lebten doch im Jahr 1980!

Mich erinnerte diese Sichtweise der Dinge fatal an einen Eheratgeber aus dem Jahr 1959, der mir zufällig in die Hände gefallen war und der mich schon damals empörte.

In *Die Gute Ehe* heißt es:

> *»Zwischen den beiden genannten Extremen (Putzteufel und Schlampe) liegt für die Hausfrau das, worauf es ankommt: ihrem Mann ein Heim zu schaffen, in dem er wirklich zu Hause ist, in das er nach des Tages Arbeit gern zurückkehrt. Dabei muss immer das im Vordergrund stehen, was ihm*

besonders am Herzen liegt, und das kann ganz verschieden-
artig sein. [...] Es gilt also, das Wesentliche herauszufinden
und sich darauf einzustellen, auch wenn es den eigenen Nei-
gungen nicht ganz entspricht.«[2]

Diese Untertänigkeit und Unterwürfigkeit, die totale Ausrichtung auf die Wünsche des Ehemannes, die damals von Frauen
erwartet wurde, erschreckte mich. Aber dass so ein Frauenbild
noch fast dreißig Jahre später in den Köpfen herumspukte,
entsetzte mich geradezu.

Hätte ich der Stadträtin und der anderen Vortragsteil-
nehmerin diesen Text vorgelesen, sie hätten sich dagegen
gewehrt, nicht akzeptiert, dass Frauen sich so untertänig zu
verhalten hätten. Aber was stand hinter der Aussage mit dem
perfekt zubereiteten Schweinsbraten, der Prügel verhindern
sollte? Nichts anderes!

Ich sagte zu der zweiten Frau, die ihre Meinung geäußert
hatte: »Ich finde es unglaublich, ein so vielschichtiges Problem, das seit Jahrhunderten existiert, auf eine so einfache
Weltsicht zu reduzieren, statt sich an die Seite der Frauen zu
stellen und ihnen zu helfen.«

Es herrschte Stille im Saal, das gefiel mir.

Zum Schluss meiner Vorträge brachte ich stets noch meine
unmissverständliche Botschaft an: »Damit Frauen nicht in
solche schrecklichen Situationen kommen, wie ich sie im
Frauenhaus erfahren habe, ist es notwendig, ihnen klarzumachen, dass sie ihr eigenes Geld verdienen müssen, damit sie
sich in jeder Lebenssituation selbst versorgen können. Geht
die Partnerschaft gut, wunderbar! Aber auch dann ist es doch
sehr gut, wenn jeder der beiden eigenes Geld hat.«

Nach dieser Aussage hätte man jedes Mal eine Stecknadel fallen hören können. Denn Ende der 70er-, Anfang der 80er-Jahre war es keinesfalls selbstverständlich, dass Frauen arbeiteten, eigenes Geld verdienten. Bis 1977 durfte ein Mann sogar die Arbeitsstelle seiner Frau kündigen, wenn sie – seiner Ansicht nach – die Hausarbeit nicht gut genug erledigte!

Und 1972 hatte die Sozialwissenschaftlerin Helge Pross im Auftrag der Frauenzeitschrift *Brigitte* in einer Untersuchung über erwerbstätige Frauen in der Bundesrepublik festgestellt:

> *»Die Hälfte der westdeutschen Arbeitnehmerinnen hat nur eine Volksschule absolviert, die andere Hälfte Ausbildungsgänge meist von kurzer Dauer und mäßigem Anspruch. Jede Dritte brach ein begonnenes Training ohne Abschluss ab [...] Ohne Polemik müssen wir folgern, dass die westdeutschen Frauen, einschließlich der jungen, ungebildeter sind als der Durchschnitt der Frauen in Frankreich und in den Benelux-Staaten. Sofern nichts wirklich Eingreifendes geschieht, werden westdeutsche Frauen die Ahnungslosen bleiben.«*[3]

Kein Wunder also, dass Frauen vor allem anstrebten, zu heiraten und versorgt zu sein? Damals war der Mann ihre Altersvorsorge. Und sie waren demzufolge unabdingbar an ihn gebunden, selbst wenn die Ehe schrecklich war.

Meine Mutter konnte meinen Vater nicht verlassen, weil sie keinen Beruf und somit auch kein Geld hatte. Eine andere Frau aus unserem Umfeld musste immer wieder zu ihrem Mann zurückgehen, auch wenn er sie gerade grün und blau geschlagen hatte.

Mehr denn je war ich davon überzeugt, dass es von existenzieller Bedeutung für Frauen ist, unabhängig zu sein, eigenes Geld zu verdienen.

Fünf Jahre lang arbeitete ich als kaufmännische Geschäftsführerin im Frauenhaus. Fünf ereignisreiche, hochinteressante und bewegende Jahre.

Auf der Suche nach Materialien für dieses Buch fiel mir das fünf Seiten lange Arbeitszeugnis von November 1982 in die Hände. Ich hatte es seit damals nicht mehr gelesen. Es ist das beste Zeugnis, das ich je erhalten habe, und berührt mich heute zutiefst. Hier nur ein kleiner Ausschnitt:

»… Besonderes Anliegen war Frau Sick die Öffentlichkeitsarbeit. Sie stellte das Projekt, seine Inhalte und Ziele mit großem Erfolg Politikern, Familienrichtern und Fachleuten aus dem Sozialbereich vor, hielt vor interessierten Gremien Referate und leitete souverän Informationsveranstaltungen für die interessierte Öffentlichkeit. Vielen am Aufbau eines Frauenhauses interessierten Frauengruppen, sozialen Institutionen und kommunalen Behörden aus dem In- und Ausland stand Frau Sick mit Rat und Tat zur Seite.

In Presse-, Rundfunk- und Fernsehinterviews stellte sie die Problematik der Gewalt in Familien dar und vertrat engagiert die Anliegen der FRAUENHILFE …

Frau Sick hat die FRAUENHILFE mit aufgebaut, wesentliche Impulse gegeben, Akzente gesetzt, Inhalte geprägt und mit ihrer Arbeit dazu beigetragen, dass die Einrichtung einen ausgezeichneten Ruf hat und eines der renommiertesten Frauenhäuser der Bundesrepublik ist.

Frau Sick ist eine Mitarbeiterin, deren starke Persönlichkeit, Reife und positiven menschlichen Eigenschaften sie für diese Führungsaufgabe prädestinieren.«

Wie hatte meine Mutter ständig gesagt? »Du bist nichts, du kannst nichts. Was soll aus dir bloß mal werden ...«

Der Abschied vom Frauenhaus fiel mir schwer. Er musste aber sein, weil Erwin und ich ein Kind adoptieren wollten. Es gab ein Fest und eine wunderschöne Überraschung für mich: Die Frauen, die damals bei uns wohnten, hatten ein Puppenhaus gebastelt, mit mehreren komplett eingerichteten Zimmern, in denen das Frauenhaus nachgebildet wurde. Kleine Püppchen stellten die Mitarbeiterinnen dar. Ich war zutiefst bewegt. Was für ein Geschenk! Ich habe das Puppenhaus noch heute.

Szenen einer Ehe

Die ersten Jahre mit Erwin waren schön. Wir hatten vieles gemeinsam: das Interesse an Politik, die Begeisterung für Kleinkunst und die Liebe zum Jazz.

Wir reisten viel, vor allem nach Italien. Toskana, Latium, Umbrien – wir konnten nicht genug kriegen von den unfassbaren Kulturschätzen und der unglaublichen Landschaft. Begeistert waren wir vom Bolsena-See, der damals kaum von Touristen besucht war. Mit einem alten VW Käfer fuhren wir übers Land, übernachteten in einfachen Gasthöfen. In den Trattorias, in denen wir aßen, hing oft Nudelteig zum Trocknen über den Stühlen. Frisch aus dem Bolsena-See gefangene Fische wurden für uns gebraten. In Latium und Umbrien besuchten wir Etruskergräber.

Das alles war wunderbar. Weniger schön war, dass an einem Sonntag plötzlich die Fahrertür unseres VW Käfers einfach auf den Boden fiel. Der Schreck war natürlich groß und unsere Ratlosigkeit auch. Erwin setzte sich schließlich auf den Rücksitz, mit der Tür im Arm, ich fuhr. In einem Dorf fragten wir, ob uns jemand helfen könne. Und tatsächlich kam ein junger Automechaniker, der uns – wohlgemerkt am Sonntag! – die Tür richtete und nichts dafür verlangen wollte. Natürlich bekam er wenigstens ein ordentliches Trinkgeld!

Besonders hatte es uns das Friaul angetan, das nordöstliche Italien. Der Fluss Tagliamento, die Stadt Palmanova, die Ende des 16. Jahrhunderts sternförmig angelegt worden war und bis heute so erhalten ist, das geschichtsträchtige Cividale del Friuli am Fluss Natisone, all das gefiel uns sehr. Wir aßen in von Wein umrankten Trattorias und tranken herrlichen Wein aus der Gegend.

Oder wir wanderten mit Freunden in der Schweiz und in den Dolomiten, wo wir auf einem Berg einmal von einem heftigen Gewitter mit Hagel und Sturm überrascht wurden. Eine elementare Erfahrung, seitdem habe ich einen Heidenrespekt vor Naturgewalten.

Und wir besuchten Prag. Die Öffnung des Eisernen Vorhangs lag noch in weiter Ferne, die wunderbare Stadt war noch nicht von Grund auf restauriert. Wir hatten kein Hotelzimmer reserviert, waren aber außerhalb der Saison unterwegs und wollten an Ort und Stelle, in der Touristeninformation, nach einer Unterkunft fragen. Wir hatten aber nicht mit dem sehr schlechten Zustand der Straßen gerechnet. Jedenfalls brauchten wir viel länger, als wir gedacht hatten, und kamen erst bei Dunkelheit in Prag an. Die Touristeninformation war schon geschlossen. Wir waren ratlos, wo sollten wir schlafen?

Da näherte sich uns ein älterer, schäbig gekleideter Mann und sprach uns auf Deutsch an: »Sie brauchän Zimmär? Ich habä für Sie, müssen abär bissel fahrän.«

Der Mann wirkte nicht besonders vertrauenerweckend, aber was blieb uns übrig? Erwin und ich verständigten uns schnell, dass ich fahren sollte. Er wollte sich hinter den Begleiter setzen, um notfalls schnell eingreifen zu können. Unser Geld versteckte er heimlich in seinem Schuh. Wir rechneten also durchaus mit einem Überfall.

Und dann fuhren wir und fuhren, raus aus Prag, über Landstraßen, in absoluter Dunkelheit, weit und breit kein Licht. Uns wurde immer mulmiger. Auf was hatten wir uns da bloß eingelassen! Ich schwitzte regelrecht vor Angst.

Auf einmal tauchte ein Licht auf, auf das wir – auf Anweisung unseres Begleiters – zusteuern sollten. Wir erreichten ein kleines Haus. Eine ältere, ziemlich dicke Frau öffnete die Tür, strahlte über das ganze Gesicht und hieß uns willkommen. Es stellte sich heraus, dass Frau Malezowa, so hieß sie, eine Verwandte unseres Begleiters war, Witwe, mit einer Rente, die kaum zum Leben reichte. Deshalb verdiente sie sich mit der Zimmervermietung etwas Geld dazu.

Wir waren ziemlich erschöpft und schliefen in den dicksten Federbetten, die wir jemals gesehen hatten. Zum Frühstück gab es zu unserem Schrecken Hühnerschnitzel mit fetttriefenden Röstkartoffeln. Für uns ein Graus, wir waren an so üppiges Frühstück nicht gewöhnt. Um Frau Malezowa nicht zu kränken, packten wir heimlich die Schnitzel ein und aßen sie mittags in einem Prager Park.

Trotz des nicht ganz unseren Vorstellungen entsprechenden Frühstücks besuchten wir Frau Malezowa zwei Jahre später noch einmal.

Von Prag waren wir natürlich begeistert. Wir erwanderten die Stadt zu Fuß, kamen in kleine Gässchen mit kleinen Läden. Wir wussten, dass Touristen nichts kaufen und mit nach Hause nehmen durften. Als wir aber in einem Geschäft ein wunderschönes kleines Silberschüsselchen sahen, wurden wir schwach und kauften es doch.

Auf der Heimfahrt schwitzten wir an der Grenze dann Blut und Wasser. Denn ein deutsches Auto vor uns wurde von den tschechischen Grenzpolizisten buchstäblich auseinandergenommen – Felgen abmontiert, Sitze ausgebaut … Wir mussten sehr lange warten und hatten richtige Angst, Angst, dass es auch uns so ergehen würde. Dann würde man das Silberschüsselchen finden. Und was wäre dann? Wir hatten so allerhand gehört, wie bei Regelverstößen in Ostblockländern verfahren wurde.

Zum Glück hatten die Grenzpolizisten offenbar mit dem Filzen des anderen Autos ihr Tagessoll erfüllt, jedenfalls ließen sie uns ziehen.

Nicht nur auf unseren Reisen hatten Erwin und ich uns immer viel zu erzählen. Meine Arbeit im Frauenhaus war außerordentlich interessant, aber auch mein Mann hatte abends Spannendes zu berichten, denn im Umweltreferat ging es zu der Zeit brisant zu, da das Bewusstsein für unsere Umgebung und Gesundheit zunahm. Fragen wie: »Was ist umweltschädlich?« oder: »Welche Stoffe sind für uns Menschen gefährlich, in welcher Konzentration und Menge?« musste Erwin nachgehen und sie auf Bürgerversammlungen zur Sprache bringen, was aber auch hieß, dass er die von der Stadt München getroffenen Entscheidungen dort vertreten musste. Mal ging es um Asbest, dann wieder um Altöl. Die Themen unterlagen Wellen, ein bestimmter Stoff wurde in den Medien ausgiebig diskutiert, doch nach einer Weile schien sich auf einmal niemand mehr für ihn zu interessieren.

Hoch her ging es auch oftmals auf den Bürgerversammlungen. Einmal wurde heiß über eine Chemikalie debattiert– ich weiß nicht mehr, welche es war –, da versicherte Erwin den versammelten Bürgern:

»Sie müssen sich nicht davor fürchten, wir haben das im Griff. Ich als Chemiker kann Ihnen sagen, das ist nicht schädlich für Menschen.«

Augenblicklich empörten sich die Versammelten:

»Sie Beamtenschwein! Sie bügeln das nur nieder! Ihr steckt alle unter einer Decke!«

Ruhig erklärte mein Mann:

»Es ist schon seltsam, wenn jemand ein Problem mit dem Auto hat, es gibt vielleicht ein seltsames Geräusch von sich, dann fährt er damit in die Werkstatt, wo man ihm sagt: ›Das ist nichts, das ist eine Kleinigkeit, das richten wir gleich.‹ Hört er diese Worte, ist der Autofahrer froh und glücklich und vertraut dem Mechaniker. Wenn ich aber als Chemiker zu Ihnen sage: ›Das muss Sie nicht beunruhigen‹, beschimpfen Sie mich, weil meine Aussage nicht in Ihr Weltbild passt.«

Mir gefiel es, wie Erwin seine Ansichten vertrat. Von ihm lernte ich, wie verbohrt Menschen sein konnten, wie Verschwörungstheorien in Umlauf gebracht wurden, wer welche Ideologien vertrat und warum Entscheidungsträger, also die da oben, etwas vertuschten. Er machte seine Sache richtig gut.

Erinnern – Wiederholen – Durcharbeiten

Als ich 1970 zum zweiten Mal nach München kam, hatten mir Freundinnen, die mitbekamen, wie viel Angst ich immer hatte, wie nervös ich war, eine Internistin in der Maximilianstraße empfohlen, Dr. Margot Schoch. Mein Leben hatte sich zwar mittlerweile zum Positiven verändert, aber nächtliche Ängste hatte ich immer noch. Wenn Erwin beruflich verreisen musste, ich also allein war, lag stets ein Messer auf dem Nachttisch, weil ich mich vor Einbrechern fürchtete.

Ich beschloss, dass sich endlich etwas ändern musste, und vereinbarte einen Termin mit Dr. Schoch. Die Ärztin gefiel mir auf Anhieb: eine schlanke Frau mit dunklen, zu einem Knoten gebundenen Haaren, die nie Strümpfe trug, auch im Winter nicht. Das Wichtigste aber war: Sie war der erste Mensch, der sich wirklich für mich interessierte. Sie war damals gerade in psychoanalytischer Ausbildung und erkannte deshalb sehr schnell, dass mir Medikamente nicht helfen würden, sondern dass mein schlechter Zustand mit meiner Psyche zu tun hatte. Sie übte mit mir autogenes Training zur Entspannung und Beruhigung, aber allein schon die Gespräche mit ihr halfen mir sehr. Etwas besonders Kluges, das sie einmal sagte, ist mir bis heute in Erinnerung geblieben und zu einer Art Leitsatz geworden: »Sie können die anderen Menschen nicht ändern. Sie können nur sich ändern. Und wenn Sie sich ändern, ändern sich möglicherweise einige der anderen Menschen.«

Dr. Schoch besorgte mir einen Therapieplatz. Ich begann eine Psychoanalyse, und ab diesem Zeitpunkt ging es aufwärts in meinem Leben.

Die Psychoanalytikerin war eine ältere, mütterlich wirkende Frau. Sie wirkte vertrauenerweckend, aber ich war voller Angst und schwieg in den ersten Sitzungen fast durchweg. Doch allmählich verlor ich die Angst und konnte reden. Und wie ich redete! Alles, was ich mit meiner Mutter erlebt hatte, warf ich ihr vor die Füße. Ich weinte und tobte, war wütend und verzweifelt und ging doch jedes Mal nach der Sitzung einigermaßen getröstet nach Hause.

Für die Psychoanalyse hatte ich mich immer schon interessiert. Die Grundprinzipien »Erinnern, Wiederholen, Durcharbeiten«, die Übertragung, der Wiederholungszwang faszinierten mich. Und nun erlebte ich das, was ich theoretisch wusste, am eigenen Leib – zum Beispiel, was es mit der berühmten »Übertragung« auf sich hatte: Ich übertrug meine Mutter auf die Therapeutin, empfand sie als gemein und ablehnend, auch wenn sie nur schweigend dasaß. Manchmal hasste ich sie regelrecht, so, wie ich meine Mutter gehasst hatte.

Das alles war für mich theoretisch interessant – und praktisch ermöglichte es Heilung, denn ich erfuhr etwas ganz anderes, Neues, nämlich Güte, Mitgefühl und Verständnis, aber auch Konfrontation, wenn sich herausstellte, dass ich mir etwas vormachte. Und ich erlebte, dass mir jemand etwas zutraute, mich ermunterte, an mich glaubte.

Meine Erlebnisse mit meiner Mutter konnte ich aufarbeiten. Mein Vater spielte in der Therapie kaum eine Rolle. Wie auch, in meiner Erinnerung war er ja nur lieb gewesen, der einzige Mensch, der mich geliebt hatte. Die Therapeutin bohrte zwar immer wieder einmal sanft nach: »Da ist noch was im Verborgenen.« Ich hatte dieses Verborgene aber so tief in mir vergraben, dass es nicht an die Oberfläche kam. Erst später wurde mir klar: Es war noch nicht an der Zeit!

Eine Psychoanalyse dauert lange. Aber lang war ja auch die Zeit gewesen, in der ich meine Bürde mit mir herumgetragen hatte. Für mich war jede Stunde, alles Geld, das ich aufwandte, optimal verwendet und hervorragend investiert. Die Therapie gab mir Lebensmut, ermöglichte mir, trotz Misshandlung und Missbrauch meine Ehe zu führen, ein Kind zu adoptieren, ein Studium zu absolvieren, ein gutes Leben zu haben. Ja, und auch, mich den Männern wieder unbefangener zuzuwenden. Dass ich heute meine Talente nutzen kann, ohne ständig mein Lebenspaket im Rücken zu spüren, habe ich einzig den Gesprächen mit Therapeuten zu verdanken.

Aus diesem Grund kann ich nur schwer verstehen, dass Menschen sich gegen eine Therapie wehren und der Meinung sind, ihr Schicksal allein tragen zu müssen.

Ich liebe wie schon gesagt Fernsehkrimis, aber es ärgert mich jedes Mal, wenn dort gezeigt wird, dass etwa ein Kommissar oder eine Kommissarin nach einem schrecklichen Geschehen einen Polizeipsychologen aufsuchen soll und er oder sie sich strikt weigert, die Termine wahrzunehmen. Insbesondere Männer sagen gern: »Mir geht es gut, ich brauche das nicht.« Was soll dem Zuschauer damit vermittelt werden? Ich finde es sehr schade, dass nicht öfter aufgezeigt wird, wie hilfreich eine Therapie in Krisensituationen sein kann. Dass selbst schlimmste Geschehnisse geheilt werden können. Und dass es keineswegs von Schwäche, sondern im Gegenteil von Stärke zeugt, sich diese Hilfe zu holen.

Ich habe mich nie gescheut, Hilfe anzunehmen. Der Blick von außen ist enorm wichtig und entscheidend, um eine Gesamtsituation betrachten zu können. Das erlebe ich auch immer wieder in meinem beruflichen Alltag. Wenn mir zum Beispiel, was durchaus vorkommt, eine Frau erzählt, dass sie

gerade mit ihrem Partner in eine gemeinsame Wohnung gezogen ist und er ihr vorgeschlagen hat, ihre Arbeitszeit zu
verkürzen, »damit sie es leichter hat«, dann rate ich ihr, dass
sie sich doch bei der Deutschen Rentenberatung ausrechnen
lassen soll, was sie diese Arbeitszeitverkürzung an späterer
Rente kostet. Das Ergebnis sollte sie dann ihrem Partner vor-
legen und mit ihm besprechen, ob und wie er diesen Renten-
ausfall ausgleichen würde. Meist sagt die Frau dann verblüfft
und dankbar: »Auf diese Idee wäre ich selber nie gekommen«.

Wir bauen unser Nest

Irgendwann hielt ich es nicht mehr aus, ich wollte unbedingt
einen Garten. In der Erde wühlen, Blumen pflanzen … ich
habe einen »grünen Daumen«. Erwin und ich suchten also
nach einem Häuschen zur Miete, das wir uns leisten konnten.

Wir fanden in München ein kleines, schmales Reihen-
häuschen aus den 50er-Jahren. Es hatte nur 60 Quadratmeter
Wohnfläche, der Garten war winzig. Aber es war sehr schnu-
ckelig und gemütlich, für die ersten Jahre mit einem Kind
genau richtig, ein Nest.

Und ich konnte gärtnern. Allerdings hatten wir völlig andere Vorstellungen von einem Garten als unser Nachbar, ein
grantiger alter Mann mit sehr klaren Ordnungsvorstellun-
gen. Der setzte seine Pflänzchen doch tatsächlich mit dem
Metermaß! Ihm war unser wildromantischer Garten viel zu
unordentlich, und eines Tages ertappte ich ihn dabei, wie er

über den Gartenzaun langte und unsere Pflanzen herausriss. Ich stellte ihn sofort zur Rede. Es war ihm peinlich, aber es konnte es nicht leugnen, ich hatte ihn ja gesehen. Unser nachbarschaftliches Verhältnis war fortan auf dem Tiefpunkt, und dort blieb es auch.

Eine Familie
wird gegründet

»Wir haben ein Kind für Sie!« Fünf Jahre hatte ich inzwischen im Frauenhaus gearbeitet, als 1982 dieser Anruf vom Jugendamt kam.

Erwin und ich hatten uns immer ein Kind gewünscht. Aber es hatte nicht geklappt, selbst ein Baby zu bekommen. Ich hatte mich untersuchen und sogar operieren lassen, aber auch der Eingriff hatte keinen Erfolg gebracht. Mein Gynäkologe riet dann zu einer Hormonbehandlung. Doch weil ich wusste, dass eine solche Therapie mit vielen Nebenwirkungen verbunden ist und ich ziemlich empfindlich auf Medikamente reagiere, entschied ich mich dagegen. Erwin unterstützte diese Entscheidung. Aber es war für mich sehr schwer anzunehmen, dass zwei gesunde Menschen kein Kind kriegen konnten. Ich war verzweifelt. Ich hatte ja bisher den Lebensgrundsatz, dass fast alles geht, wenn man nur will, und nun musste ich einsehen, dass das eben doch nicht stimmte.

Erwin und ich redeten über Alternativen, denn auf ein Kind in unserem Leben wollten wir nicht verzichten. Lange mussten wir nicht überlegen, schnell waren wir der Ansicht, dass eine Adoption für uns denkbar war. Und zwar ohne Aber, Vielleicht oder »Wir fürchten uns davor, weil …«. Bekannte, denen wir von unserer Idee erzählten, sahen uns oft zweifelnd an und meinten: »Das ist dann doch nicht euer eigenes Kind!« Wir konnten solche Bedenken nicht verstehen. Unsere Antwort fiel dann immer unisono so aus: »Ein Kind muss nicht unser eigen Fleisch und Blut sein!«

Unser Ja zur Adoption

Die Bedeutung, die dem »Fleisch und Blut« allgemein zugemessen wurde, hielten wir beide ohnehin für überzogen. Erwin hatte – genauso wie ich – die Erfahrung gemacht, dass Familie keine Garantie für Harmonie und Glück ist. Eine Blutsverwandtschaft bedeutete nicht automatisch, dass man sich gegenseitig half und füreinander da war. Freunde hatten mich immer besser verstanden als meine Eltern, setzten sich manchmal mehr für mich ein, als die eigene Familie es je getan hätte.

Aber noch etwas anderes hatte uns in unserer Entscheidung zur Adoption bestärkt. Im Waisenhaus hatten wir gesehen, wie viele liebenswerte Kinder es dort gab, die alle gern ein Zuhause gehabt hätten. Es hatte uns immer angerührt, diese kleinen verlassenen Wesen zu sehen, die uns mit großen Augen betrachteten, oft genug mit Tränen in den Augen, wenn wir Dietmar abholten. Zu gern wären sie an seiner Stelle gewesen, hätten auch gern Menschen gehabt, die sie mit in den Zoo nahmen. Aber ich war nicht nur angerührt, es hatte mich auch jedes Mal erschüttert, wenn ich in ihre traurigen Gesichter blickte. Noch heute kann ich kaum ein Kind weinen hören, obwohl ich weiß, dass Kinder aus den unterschiedlichsten Gründen weinen, sogar dann, wenn sie keine Gummibärchen kriegen. Allerdings unterscheidet sich das Keine-Gummibärchen-Weinen schon sehr von dem Weinen, wenn sich ein Kind allein fühlt.

Wir hatten uns ziemlich schnell entschieden, ein Kind zu adoptieren, und die nächsten Schritte setzten wir ohne große Verzögerung in die Tat um. Wir sammelten alle notwendigen Papiere zusammen und suchten entschlossen das Jugendamt auf, wo wir einen Termin vereinbart hatten.

»Nehmen Sie Platz«, sagte die Sozialpädagogin, die für uns zuständig war, eine hübsche, sportliche Frau um die vierzig.

»Hier sind die Papiere«, Erwin übergab sie ihr.

»Sie sind aber zu alt für ein Baby«, sagte die Frau nach einem schnellen Blick in die Unterlagen. Ich war damals einundvierzig, Erwin achtunddreißig.

»Wir denken, dass es mit einem Baby leichter wäre, aber das ist nur eine Vermutung. Wir haben ja keine Erfahrung damit. Es muss wirklich kein Säugling sein«, sagten Erwin und ich fast gleichzeitig. »Und das Geschlecht ist uns auch egal.«

Die Sozialpädagogin konzentrierte sich wieder auf unsere Papiere, las alles durch und meinte dann, an Erwin gerichtet: »Sonst scheint bei Ihnen alles in Ordnung zu sein. Akademiker und Beamter, das ist immer gut, gerade dann wenn Ihre Frau zu arbeiten aufhören muss, wenn ein Kind da ist. Ihre Chancen sind recht gut, dass man bei Ihnen eine Adoption bewilligt.«

Ich musste bei diesen Worten schlucken. Natürlich war mir klar, dass ich meine Tätigkeit im Frauenhaus beenden musste, wenn es mit der Adoption klappte. Aber das aus dem Mund der Jugendamtsmitarbeiterin zu hören, war noch etwas anderes. Es klang so, als müsse ich gleich morgen aufhören zu arbeiten, und das erschien mir auf einmal sehr plötzlich. Ich hatte gelesen, dass ein Adoptionsverfahren manchmal Jahre dauerte, und darauf hatte ich mich eingestellt. Ich arbeitete schließlich sehr gern im Frauenhaus.

Doch nur wenige Monate nach dem Termin klingelte unser Telefon. Es war die Mitarbeiterin vom Jugendamt, die uns mitteilte, dass sie ein Kind für uns hätte: »Aber wie ich Ihnen schon gesagt habe, ist es ein wenig älter.«

»Wie alt denn?«, fragte ich, nachdem ich die Nachricht ein wenig verdaut hatte, weil alles doch viel schneller gegangen war, als ich es mir vorgestellt hatte. Wobei ich nicht sagen konnte, was ich mir eigentlich genau vorgestellt hatte.

»Der Junge ist vier.«

Vier. Ich musste tief durchatmen. Mit vier konnte man schon eine Menge erlebt haben. Ich merkte, dass Erwin und ich uns auch über das mögliche Alter keine konkreten Gedanken gemacht hatten.

»Hallo, sind Sie noch dran?«

»Ja, ja«, erwiderte ich.

»Ist alles in Ordnung? Sie haben so lange geschwiegen.«

»Alles ist in Ordnung. Aber wir hatten nicht so schnell mit Ihrem Anruf gerechnet.«

»Sie haben doch sicher noch Fragen«, sagte sie.

Das hatte ich: »Warum haben Sie bei dem Jungen gerade an uns gedacht?«

»Das kann ich Ihnen genau sagen. Die leibliche Mutter des Jungen war Waldorfschülerin, und sie hätte gern Eltern für ihr Kind, die bereit wären, es auf eine solche Schule zu schicken. Wir haben gedacht, dass Sie und Ihr Mann diesen Schultypus kennen und der Mutter diesen Wunsch auch erfüllen und sich nicht dagegen sträuben würden. Manche Adoptiveltern empfinden das als zu große Einmischung.«

Das war nachzuvollziehen, aber sowohl Erwin als auch ich hatten ganz und gar nichts gegen eine Waldorfschule. Wir waren zwar keine Anthroposophen, aber was wir von dem pädagogischen Konzept wussten, hatte uns gefallen.

»Das sollte kein Hindernis sein.« Etwas Besseres fiel mir nicht ein, ich war immer noch dabei zu verarbeiten, was dieser Anruf für unser Leben bedeutete.

Die Sozialpädagogin nannte mir noch einige Details aus Markus' Leben. Markus. Das war also der Name des Jungen. Als ich ihn still für mich sagte, war es, als wäre Markus schon ein wenig bei uns angekommen.

»Wie geht es weiter? Wo ist Markus denn jetzt?«

»Zurzeit ist er in einem Kinderheim in der Nähe von München.«

Zum Schluss des Gesprächs wurde ein Termin vereinbart, an einem Sonntag sollten wir Markus sehen dürfen. Aber das Treffen lief nicht so ab, wie ich es mir vorgestellt hatte. Mein Mann und ich durften Markus nur durch eine Einwegscheibe – wir konnten ihn sehen, er uns aber nicht – beim Spielen zuschauen, zusammen mit dem Psychologen des Heims.

Erwin hatte sich durch die Scheibe nicht irritieren lassen. Aber ich war vollkommen blockiert. Als wir später in einem anderen Raum mit dem Psychologen zusammensaßen und unseren Eindruck von Markus schildern sollten, meinte mein Mann: »Ich finde den Jungen nett.«

»Ich kann gar nichts sagen«, erklärte ich. »Ich möchte das Kind persönlich kennenlernen.«

»Im Allgemeinen erlauben wir das nicht«, wandte der Psychologe ein. »Wir haben die Erfahrung gemacht, dass das die Kinder nur verunsichert.«

»Sie müssen ihm ja nicht sagen, dass wir seine möglichen Adoptiveltern sind.« Ich hatte noch nicht aufgegeben. »Wir könnten dem Heim doch nur einen Besuch abstatten und uns eine Gruppe von Kindern ansehen wollen.«

Der Psychologe seufzte, war aber mit meinem Vorschlag einverstanden. »Gut, machen wir eine Ausnahme.« Es wurde ein weiterer Termin für den nächsten Sonntag verabredet.

Also fuhren wir am folgenden Wochenende wieder ins Kinderheim. Markus lebte dort zusammen mit zehn anderen Kindern in einer Wohngruppe. Von einem Gang gingen die einzelnen Schlafzimmer ab, auch ein großer, offener Gruppenraum, alles sehr kindgerecht und ansprechend gestaltet, helle Holzmöbel, schöne Farben.

In dem Gruppenraum saßen wir mit den anderen Kindern, der Einzige, der nicht kam, war Markus. Er hatte sich versteckt und ließ sich eine geschlagene halbe Stunde nicht blicken. Er hatte nichts gewusst, anscheinend aber gespürt, dass es um ihn ging; sensible Kinder merken so etwas schnell. Erwin und ich saßen auf einer umlaufenden Sitzbank und dachten uns: Wenn er heute nicht mehr auftaucht, dann halt ein anderes Mal. Wir wollten das Entgegenkommen des Psychologen nicht überstrapazieren, indem wir eine Begegnung einforderten.

Gerade als wir gehen wollten, erschien Markus und setzte sich ans andere Ende der Sitzbank. In den Händen hielt er ein Bilderbuch, in das er guckte und guckte, anscheinend völlig vertieft. Ich wollte wissen, was er sich da ansah, und dabei bemerkte ich, dass er das Buch die ganze Zeit verkehrt herum in seinen kleinen Händen hielt und uns aus den Augenwinkeln beobachtete. Das rührte mich, und das war dann auch der entscheidende Moment. Ich war von dieser Sekunde an nicht mehr blockiert, konnte registrieren, was für ein netter, süßer Junge er war, mit einem Lockenkopf und dunklen Augen in einem fein geschnittenen Gesicht.

Das Zimmer ist schön

Mit dem Heimpsychologen besprachen wir die nächsten Schritte: Wir sollten vorerst jeden Sonntag kommen und Markus für ein paar Stunden sehen, anfangs im Heim, später auch außerhalb, aber höchstens für eine Stunde. Danach könne man es mit einem Besuch im Tierpark versuchen, zuletzt dürfe er dann bei uns übernachten. Mir gefiel diese äußerst vorsichtige Vorgehensweise, das war sehr fürsorglich und im Sinne des Kindes gedacht.

Wir hielten uns genau an diesen Ablauf. Einmal durften wir den Kindern beim Baden zusehen; im Keller des Heims gab es ein kleines Schwimmbecken. Anschließend durfte ich Markus beim Abtrocknen und Anziehen helfen. Das war schon eine recht familiäre Situation, ich konnte mir inzwischen gut vorstellen, dass er bei uns lebte.

Als Markus, eingewickelt in ein Frotteehandtuch, auf meinem Schoß saß, fing er an, Fragen zu stellen, ein Zeichen dafür, dass er verstanden hatte, dass wir seinetwegen hier waren.

»Hast du ein Haaaus?«, fragte er.

»Ja, wir haben ein Haus.«

»Hast du auch ein Tiiier?«

Ich nickte. »Ja.«

»Was für eins?«

»Eine Katze.«

»Wie sieht die aus?«

Er wollte alles wissen.

Nachdem meine Auskünfte offenbar zu seiner Zufriedenheit ausgefallen waren, fing er an, auf uns zu warten. Irene, die Erzieherin, erzählte, er würde am Sonntag immer wieder zur Tür gucken, um uns ja nicht zu verpassen. Kamen wir dann, schaute er schnell weg, um zu verbergen, dass er schon sehnsüchtig nach uns Ausschau gehalten hatte.

An einem Sonntag hatten wir beim Abschied Irene gegenüber geäußert, dass wir beim nächsten Mal gern mit Markus in ein Restaurant gehen würden. Anscheinend hatte sie das zum Anlass genommen, ihm das Essen mit Messer und Gabel beizubringen. Denn als wir im Lokal saßen und das Kinderschnitzel für ihn serviert wurde, stieß er mit hochrotem Kopf die Gabel mit aller Kraft ins Fleisch und säbelte mit dem Messer eifrig auf dem Teller herum. Er konnte es noch nicht richtig, aber es war offensichtlich, dass er uns gefallen wollte.

Erwin und ich begannen dann, das Kinderzimmer einzurichten. Wir verwendeten viel helles Holz, und ich, die immer gemeint hatte, nicht nähen zu können, nähte aus ungefähr 400 bunten Quadraten eine Patchworkdecke für das Bett. Ich habe sie all die Jahre aufgehoben, und jetzt gehört sie meinem Enkelkind. Auch Kissen nähte ich, in Tierform, einen Schweinekopf in einem rosafarbenen Plüschstoff sowie einen grauen Elefanten. Dafür, dass mir Handarbeiten eigentlich nicht lagen, hatte ich keine schlechte Arbeit geleistet.

Schließlich war der Tag gekommen, an dem Markus zum ersten Mal bei uns übernachten sollte. Tagsüber war alles gut, doch als ich ihm abends seinen Schlafanzug anziehen wollte, wurde ihm mulmig zumute. Er war kurz davor zu weinen und verlangte nach Irene, seiner Erzieherin.

»Wir freuen uns sehr, wenn du die Nacht über bei uns bleibst, aber ich denke, wir sollten jetzt mal mit der Irene telefonieren. Magst du mit Irene reden?«

»Ja.« Kleinlaut kam dieses eine Wort über Markus' Lippen.

Nachdem er mit seiner Erzieherin gesprochen hatte, war alles wieder in Ordnung.

»Das Zimmer ist schön«, sagte er noch, als wir ihm einen Gutenachtkuss gaben.

Vater, Mutter, Kind

Und dann war es so weit, Markus lebte bei uns. Erwin war auf einmal Vater und ich Mutter. Meinen Job hatte ich gekündigt. Auch bei uns war es so, wie es überall war: Er verdiente deutlich mehr, also blieb ich zu Hause. Das war auch in Ordnung. Aber mir war von Anfang an klar, dass das nur eine Phase in meinem Leben sein sollte. Ich fand und finde es nicht richtig, Kinder zum alleinigen Lebensinhalt zu machen. Auch ich hatte Ziele und Wünsche, und einer davon war, eigenes Geld zu verdienen und damit unabhängig zu sein. Wenn es nicht noch viel zu früh gewesen wäre, Markus in einen Kindergarten zu geben, hätte ich halbtags weitergearbeitet.

Plötzlich Mutter eines Vierjährigen zu sein war neu und aufregend. Noch heute denke ich oft, dass ich zwar nie eine Geburt erlebt habe, dass ich dafür aber erfahren durfte, wie ein fremdes Kind zu unserem Kind wurde, nach und nach.

Der Annäherungsprozess dauerte seine Zeit. Ich musste mich stark zurückhalten, um Markus nicht immer wieder vor Freude an mich zu drücken, zu umarmen und zu küssen. Aber der Heimpsychologe hatte uns dringend ans Herz gelegt: »Bitte überfordern Sie das Kind nicht mit Ihrem Liebesbedürfnis. Lassen Sie den Jungen auf sich zukommen, er muss die entscheidenden Schritte tun.« Das war nicht leicht für uns, aber es war der einzig richtige Weg.

Nach ein paar Wochen krabbelte Markus sonntags in mein Bett, aber er bestand darauf, dass ich mich an die eine Bettkante legte, er lag auf der anderen. So verharrten wir, bis Erwin und ich aufstanden. Am nächsten Sonntag rückte er etwas näher. Und so ging das Sonntag für Sonntag, bis er sich traute, sich nahe an mich zu kuscheln.

Es war unglaublich beeindruckend, wie Markus mit der Situation umging. Wenn er sich morgens bei uns im Schlafzimmer mit meiner Hilfe anzog und dabei auf meinem Schoß saß, musste ich ihm viele Wochen lang jeden Tag aufs Neue erzählen, natürlich üppig ausgeschmückt, wie traurig Erwin und ich gewesen waren, weil wir keine Kinder bekommen konnten, wie viel wir deswegen geweint hatten. Wenn ich das mit dem Weinen zu lange ausdehnte, wurde Markus ungeduldig: »Und dann, und dann?«, fragte er. Wenn ich nicht gleich antwortete, rief er freudig: »Und dann habt ihr mich gesehen!«

Ich lachte. »Genau, dann haben wir dich kennengelernt.«

»Und dann?«

»Dann sagten wir: Das ist unser Kind, das wollen wir haben. Unbedingt.«

Markus strahlte, wenn er das hörte, und hopste vor Vergnügen auf meinem Schoß herum. Es gab ihm eine Menge Selbstbewusstsein, dass er nicht nur ein armes Kind war, das wir aus purem Mitleid zu uns genommen hatten; nein, wir waren schrecklich traurig gewesen und er hatte uns glücklich gemacht. So passte es für uns alle.

Alles nur Märchen?

Es gab noch ein weiteres Ritual bei uns, das aber ernsterer Natur war. Bevor Markus zu uns gezogen war, hatte ich einige Bücher gelesen, um mich auf das, was mich erwartete, vorzubereiten. Darunter war auch *Kinder brauchen Märchen* von dem in Wien geborenen Psychoanalytiker und Kinderpsychologen Bruno Bettelheim. Er vertrat in diesem Buch die Ansicht – und das konnte ich sehr gut nachvollziehen –, dass Märchen etwas ganz Existenzielles für Kinder darstellen. In ihnen werden bildhaft und allgemein verständlich Lebensthemen abgehandelt, innere Kämpfe geschildert, Gut und Böse beschrieben.

Durch die Lektüre begriff ich aber auch, dass Kinder keine Zwischentöne und Grauabstufungen kennen, jedenfalls nicht, wenn sie noch klein sind, das kommt erst später. Für die Kleinen gibt es nur das Gute und das Böse, und das Böse muss, nach ihrem Gerechtigkeitsempfinden, bestraft werden. Die böse Stiefmutter, die Schneewittchen töten will, muss wegen ihrer Grausamkeit in rot glühenden Eisenpantoffeln tanzen, bis sie tot zusammenbricht. Das Kind ist begeistert und lacht – weil die Welt wieder in Ordnung ist.

Also begann ich, Markus Märchen vorzulesen. Als ich ihn zum ersten Mal eine Stunde allein ließ und einkaufen ging, wollte er das Märchen *Der Wolf und die sieben Geißlein* vorgelesen haben. In diesem versucht der Wolf, die sieben kleinen Geißlein mit allen möglichen Tricks dazu zu verleiten, die Tür aufzumachen und ihn hereinzulassen, nachdem die Geißenmutter auf Futtersuche gegangen war. Ich war fasziniert!

Nachdem Markus einige Märchen kennengelernt hatte, wollte er aber über einen langen Zeitraum hinweg ausschließlich *Hänsel und Gretel* hören. Es war ganz deutlich zu sehen, dass dieses Märchen für ihn seine eigene Situation versinnbildlichte. Als der Holzhacker und seine Frau »wenig zu beißen und zu brechen hatten« und sich vor Sorgen im Bette herumwälzten, hat die Frau des Holzhackers den Einfall, die Kinder im Wald auszusetzen. »Sie finden den Weg nicht wieder nach Haus, und wir sind sie los.« Markus bekam an dieser Stelle jedes Mal einen hochroten Kopf, war total aufgeregt und rief immer wieder: »Die dürfen die Kinder nicht wegschicken. Das dürfen sie nicht. Dann müssen die Eltern eben weniger essen.« Er fühlte und erlebte mit, wie das Paar seine beiden Kinder dann doch allein im Wald zurückließ.

Eines Abends vor dem Schlafengehen – Erwin war nicht zu Hause, er war beruflich verreist –, erlebte ich eine unglaubliche, aufwühlende Szene, die ich in meinem ganzen Leben nicht vergessen werde. Ich wollte Markus ins Bett bringen, aber er war ganz anders als sonst, sehr aufgeregt. Er lief im Zimmer herum, etwas arbeitete in ihm, ein Aufruhr tobte. Seine Aufregung übertrug sich auf mich. Aber mein Gefühl war: Sag nichts, warte ab, was passiert … Ich setzte mich auf das Bett und wartete ab. Im Raum stand ein Bauernschrank, die Tür war offen. Markus stand einige Schritte vor dem Schrank, eines seiner Tierkissen in der Hand. Und das donnerte er nun in den Schrank hinein. Dazu rief er: »Geh weg, Cornelia, ich brauch dich nicht mehr. Ich hab jetzt Eltern, ich hab jetzt Eltern.« (Cornelia war seine leibliche Mutter.) Dann holte er das Kissen wieder aus dem Schrank, und es ging von vorn los.

Markus war schweißnass, sein Kopf hochrot. Auf einmal sah er mich an – ich trug Jeans und eine sehr weite Bluse –, und rief: »Jetzt will ich in deinen Bauch rein«, und kroch unter meine Bluse. Nach einer Weile folgte dann: »Und jetzt will ich aus deinem Bauch rauskommen. Du musst mich rausziehen.« Ich handelte nur instinktiv, überlegte gar nicht. Als ich das, was er wollte, so gut ich konnte, getan hatte, verlangte er, dass ich ihn auf den Armen herumtrug und mit ihm wie mit einem Baby redete. Auch das machte ich. Danach wollte er nur noch ins Bett. Er schlief vierzehn Stunden durch. Ich war bis ins Mark erschüttert und vollkommen aufgelöst, als mir klar wurde: Markus hatte seine leibliche Mutter verbannt, und anschließend hatte er sich von mir »gebären« lassen.

Nach diesem Ereignis hatte er das Problem, das ihn intensiv beschäftigt hatte, offenbar verarbeitet und vergessen. Denn er wollte nie wieder das Märchen von Hänsel und Gretel vorgelesen bekommen.

Schon Wochen zuvor hatte er, wenn er auf dem Boden hockte und mit einem Spielzeugauto spielte, so getan, als würde er in diesem Gefährt sitzen und zu seiner Mutter fahren. »Brumm, Brumm, jetzt bin ich da, jetzt klingle ich bei Cornelia. Drrrrr. Drrrr. Und dann ganz traurig: Macht keiner auf, ist nicht mehr da.« Danach fuhr er wieder weg. Die Szene wiederholte sich immer wieder. Es war herzzerreißend.

Markus mochte seine leibliche Mutter, und sie mochte ihn auch. Doch sie war nicht in der Lage gewesen, ihren Sohn zu versorgen. Mein Mann und ich erklärten ihm, dass sie krank sei, dass sie ihn nicht umsorgen könne und dass es für eine ganz große Liebe spreche, ein Kind freizugeben, wenn man erkennt, dass man ihm nicht das geben kann, was es braucht. Erwin und ich hatten allergrößte Hochachtung vor ihrer Entscheidung.

Über das Jugendamt und anonym hatten wir mit ihr Kontakt. Einmal im Jahr schrieben wir ihr, erzählten, wie es Markus geht, schickten Fotos. Sie war überglücklich, als sie erfuhr, dass wir ihn in einer Waldorfschule angemeldet hatten. Tragischerweise starb sie schon in jungen Jahren.

Die Angst durchleben

Erwin und ich waren glücklich mit Markus. Anfänglich hatte er noch viel Angst. War ich mit ihm im Supermarkt, ging er manchmal in Gedanken versunken die Regalreihen entlang, bis er plötzlich merkte, dass er mich nicht mehr sah; dann fing er an zu weinen. Da er im Sommer zu uns kam, ging ich viel mit ihm ins Freibad. Wir hatten eine Decke auf dem Rasen ausgebreitet, um uns herum viele andere Schwimmlustige. Als ich auf die Toilette musste, sagte ich zu Markus: »Ich gehe nur mal aufs Klo, ich komme gleich wieder, bleib einfach auf der Decke sitzen.« Markus hatte sich nicht von der Stelle gerührt, als ich zurückkam, und wirkte ganz normal. Aber nachdem ich das zweite Mal zur Toilette gegangen war, erzählte mir eine Frau, die sich mit ihren beiden Töchtern neben uns niedergelassen hatte: »Ihr Sohn weint jedes Mal herzzerreißend, wenn Sie weggehen.« Ich war so erschrocken, dass ich ihn das nächste Mal mitnahm. Markus stand dann vor der Tür, und ich redete mit ihm, während ich in der Toilette war, sodass er wusste, dass ich immer noch da war.

Seine Angst war verständlich. Schon mehrmals war er weggegeben worden, er kannte keine Sicherheit. Einmal saß er spielend auf dem Boden in der Küche, während ich kochte, und sagte unvermittelt: »Wenn ihr mich auch wieder weggebt, dann hab ich gar niemanden mehr.« Das war es, was ihn die ganze Zeit beschäftigte: Würden wir ihn behalten oder auch wieder weggeben? Ich konnte ihn nur in den Arm nehmen, ganz fest halten und ihm versichern: »Nein, dich geben wir nie mehr weg. Da kannst du ganz sicher sein.« Aber reden ist das eine, Erfahrungen machen das andere. Beim Jugendamt erklärte man uns, dass die Zeit Wunden heilt, Markus müsse erleben, dass wir immer für ihn da sind, und er müsse auch die Angst durchleben, die könne ihm niemand abnehmen.

Langsam gewöhnten wir Markus im Kindergarten ein, zum einen sollte er mit anderen Kindern spielen, zum anderen wollte ich auch irgendwann wieder arbeiten. Ein Leben als Ganztagsmutter konnte ich mir auf Dauer nicht vorstellen, und ich hielt es aufgrund meiner Lebenseinstellung auch nicht für ratsam. Wie ich schon sagte, wenn zwei Menschen zusammenbleiben, dann ist das prima, aber es kann ebenso gut sein, dass die Liebe plötzlich andere Wege geht. Ich wollte nicht auf Dauer von meinem Mann finanziell abhängig sein, es machte mir zu schaffen, dass ich kein eigenes Geld verdiente. Erwin gab mir zwar seine EC-Karte, ich konnte so viel abheben, wie ich wollte, aber ich hatte immer ein Schuldgefühl, wenn ich mir etwas gekauft hatte. Und deswegen traute ich mich oft nicht, Dinge, die ich gern gehabt hätte, einfach zu erwerben, Bücher oder Kosmetika oder etwas Schönes zum Anziehen.

Anfangs blieb Markus nur bis mittags im Kindergarten. Ich brachte ihn hin und holte ihn auch wieder ab, nie auch nur eine Minute zu spät, denn Sicherheit war wichtig. Markus ging gern dorthin, er liebte den Trubel, die Spiele mit Gleichaltrigen. Anscheinend wurde im Kindergarten aber auch über die Eltern gesprochen und wie sie zu ihren Kindern gekommen waren, denn eines Tages fragte er, als wir zusammen nach Hause gingen:

»Warum hast du eigentlich kein Kind kriegen können?«

Mein Gott, dachte ich, was antworte ich auf eine solche Frage? Es muss doch irgendwie kindgerecht sein. Dann stotterte ich ein wenig herum: »Weißt du, bei mir im Bauch sind Eier, und beim Papa im Bauch ist der Samen, und der Samen muss zu den Eiern kommen. Aber bei mir im Bauch haben sich die Eier immer versteckt, wenn der Samen zu Besuch kam. Der Samen hat die einfach nie gefunden!«

Am nächsten Tag brachte ich Markus wieder in den Kindergarten, viele Mütter waren noch da, die ebenfalls ihre Sprösslinge begleitet hatten. Markus riss sich von meiner Hand los und lief auf eine Erzieherin zu, laut und freudig teilte er ihr mit: »Nadja, ich muss dir was erzählen, bei meiner Mama im Bauch verstecken sich immer die Eier!« Ich wollte im Boden versinken, aber die anderen Mütter lächelten mich an. Sie hatten verstanden. Ich atmete auf.

Markus' Adoption war nun auch endlich notariell vollzogen – ein Jahr hatten wir warten müssen, bis wir bei einem Notar die entsprechende Unterschrift leisten durften. Markus wollte dieses Dokument, mit dem rechtskräftig wurde, dass er bei uns blieb, ebenfalls unterschreiben. Mit seinen fünf Jahren war er dazu noch nicht richtig in der Lage, aber wir brachten ihm bei, seinen Namen zu kritzeln. So konnte er das Schriftstück tatsächlich mit unterzeichnen. Der Notar meinte, so etwas hätte er in seiner beruflichen Laufbahn noch nie erlebt.

Auch ehrenamtlich kann man viel bewirken

Während der Elternzeit engagierte ich mich in einem besonderen Projekt. Meine Freundin Bärbel Alt, früher so wie ich Chefsekretärin bei der Neuen Heimat, nun Geschäftsführerin der Bayerischen Gesellschaft für psychische Gesundheit, hatte ein berufliches Problem. Die Gesellschaft betrieb zwar fünfzehn Wohngemeinschaften, in denen psychisch eingeschränkte Menschen nach der Behandlung in einer psychiatrischen Klinik betreut wurden. Aber der nächste Schritt, für diese Menschen eine Arbeit mit gerechter Entlohnung und strukturiertem Tagesablauf zu finden, war nicht gewährleistet. So entstand die Idee, jeweils eigene Firmen zu gründen, die entsprechende Arbeitsplätze zur Verfügung stellten. Es sollten »richtige« Arbeitsplätze sein, mit normaler Arbeitszeit und tariflicher Entlohnung, aber mit sozialpädagogischer Begleitung. Als Bärbel mich fragte, ob ich Lust hätte, an diesem Projekt mitzuarbeiten, sagte ich begeistert zu. Mit von der Partie war auch Klaus Winkler, promovierter Betriebswirt und damals Generalbevollmächtigter einer Privatbank. Klaus war vorher schon, nach einem schweren Schicksalsschlag, als Laienhelfer in der Psychiatrie tätig gewesen.

Langer Rede kurzer Sinn: Durch unsere intensive Vorarbeit entstanden zwei Firmen, die es heute noch gibt und die heute insgesamt fünfundfünfzig psychisch behinderte Menschen beschäftigen: Hortus, ein Garten- und Landschaftsbaubetrieb, und Ramadama, ein Entsorgungsunternehmen. Trägerverein war und ist der Verein für berufliche Integration. Bärbel, Klaus und ich gehörten fünfundzwanzig Jahre lang dem Vorstand an.

Neue Wege

Inzwischen ging ich auf Mitte vierzig zu, Markus sollte bald eingeschult werden, und es war Zeit, mit dem Aufbau einer neuen beruflichen Existenz anzufangen.

Als Mutter auf die Schulbank

Den Nerv, noch das Abitur nachzumachen, hatte ich nicht. Aber ich litt darunter, dass ich keine abgeschlossene Berufsausbildung vorweisen konnte. Bei meinen Recherchen erfuhr ich, dass an der Verwaltungs- und Wirtschafts-Akademie (VWA), einer Akademie für Erwachsenenbildung in München, ein Abendstudium für Berufstätige angeboten wurde. Ich entschied mich für das Fach Betriebswirtschaft. Die Vorlesungen fanden in einem Hörsaal der Technischen Universität München statt, mit Dozenten der TU und Praktikern aus der Wirtschaft. Das war genau das, was ich machen wollte – und auch konnte.

Die Vorlesungen fanden an drei Abenden in der Woche statt, das passte, so war ich tagsüber zu Hause, und abends brachte Erwin unseren Sohn ins Bett. Die beiden kamen wunderbar miteinander aus, er war ein guter Vater, das sollte sich erst später ändern. Das Abendstudium war eine meiner besten Entscheidungen, es tat mir gut und bereitete mir viel Spaß. Es war universitär aufgezogen, wir schrieben Klausuren, ich konnte mich mit anderen austauschen und blühte regelrecht auf. Das Ganze wurde sogar vom Arbeitsamt bezahlt, weil ich noch keinen beruflichen Abschluss hatte.

Mir wurde immer klarer, dass ich unbedingt wieder arbeiten wollte, zu Hause war es mir, ehrlich gesagt, auch langweilig geworden. Ich gehörte nicht zu den Frauen, die stundenlang Rezepte studierten, um Menüs zu zaubern, oder andere Hobbys pflegten. Ich hatte das Glück, dass mein Mann gerne kochte. Auch Putzen konnte ich nicht stundenlang, und das war für mich auch keine befriedigende Tätigkeit. Ich war glücklich, dass ich wieder Termine hatte, mich vorbereiten und lernen musste; den Haushalt erledigte ich nebenher, Einkaufen, Reinigung, Schuster … Ich hatte wieder eine Struktur, mein Leben war getaktet, eigentlich schaffte ich viel mehr als zu der Zeit, als ich den ganzen Tag zur Verfügung gehabt hatte. Damals hatte ich mir oft gesagt: »Ah, das mache ich morgen, das muss ja nicht heute sein.«

Dementsprechend war es fast eine Befreiung, und ich war natürlich unbändig stolz, als ich dann zum ersten Mal sagen konnte: Ich bin Betriebswirtin.

Unbeschwerte Urlaubstage

Bevor Markus eingeschult wurde, fuhren wir mit ihm nach Italien, nach Apulien. Diese Gegend kannten wir noch nicht. Wir mieteten eine kleine Ferienwohnung direkt am Strand. Markus war außer sich vor Begeisterung. Er hatte noch nie das Meer gesehen; und so viel Sand gab es da! Er wusste gar nicht, wo er mit dem Schaufeln anfangen sollte. In einer Nacht weinte er jedoch herzzerreißend: Er hatte geträumt, wir würden mit dem Auto wegfahren und er würde hinter uns herlaufen, uns aber nicht erreichen. Noch immer hatte er Angst, allein zurückgelassen zu werden ...

Danach folgte ein Urlaub in der Bretagne, zusammen mit anderen Paaren und ihren Kindern. Es war eine herrliche Zeit, völlig unbeschwert, nicht ein einziges Mal wurde Markus von Verlassenheitsängsten gepeinigt. Oft sprachen wir nun mit ihm über die Schule, was ihn dort erwarten würde. Andere Kinder in seinem Alter waren schon eingeschult worden, aber wir hatten ihn aufgrund seiner früheren Kindheitserfahrungen und seiner Ängste noch zurückstellen lassen.

Ein Versprechen wird wahr

Natürlich sollte Markus auf eine Waldorfschule gehen, aber wir wussten, dass es schwierig sein würde, einen Platz zu bekommen. »Wir können es nur probieren«, sagte Erwin. »Mehr können wir nicht tun. Die Kinder werden dort nach bestimmten Gesichtspunkten ausgesucht.«

Inzwischen waren wir umgezogen. Unser kleines Reihenhaus war uns wegen Eigenbedarf gekündigt worden. Wir fanden ein anderes Reihenhaus am westlichen Stadtrand. Es war wesentlich geräumiger und hatte einen größeren Garten. Und von dort war es nicht weit zur nächsten Waldorfschule, in der wir auf einen Platz hofften.

Mit gemischten Gefühlen gingen wir zum Vorstellungsgespräch. Bald würden wir erfahren, ob wir das Versprechen, das wir dem Jugendamt und letztlich Markus' leiblicher Mutter gegeben hatten, auch tatsächlich einhalten konnten. Die junge, freundliche Lehrerin stellte Markus einige Fragen. Zum Beispiel:

»Was isst du denn am liebsten?«

»Hummer«, sagte Markus.

Du lieber Himmel!, dachte ich. Jetzt denkt die Lehrerin, dass wir Luxusgeschöpfe sind und dass es bei uns ganz oft Hummer gibt!

Erwin klärte aber schnell auf, was es mit dem Hummer auf sich hatte: »Wir haben letztes Jahr einen wunderschönen Urlaub mit Freunden in der Bretagne gemacht. An einem Abend waren wir in einem einfachen Fischerlokal, und der Fischer hatte gerade frisch gefangenen Hummer im Angebot. Da wir das noch nie gegessen hatten, bestellten wir dieses Gericht. Während wir aßen, hat der Fischer Markus auf den Schoß genommen und Akkordeon gespielt. Die Situation hat ihm so gut gefallen, dass er sie immer mit dem Hummer in Verbindung bringt.«

»Ich verstehe«, sagte die Lehrerin und wirkte erleichtert.

Wir bekamen den Platz in der Waldorfschule, und sicher

war das auch ein wenig der Adoption geschuldet – man wollte dem Kind wohl eine Chance bieten. Wir waren sehr erleichtert, denn die Vorstellung, Markus eine öffentliche Schule besuchen zu lassen, hatte uns einige Sorgen bereitet. Er wäre dort überfordert gewesen, unter Druck geraten. Durch seine biografischen Umstände war er ein Kind, das Zeit brauchte, ein Spätentwickler – und auf der Waldorfschule ließ man ihm die Zeit. Acht Jahre lang hatte er denselben Klassenlehrer, den er sehr gerne mochte und mit dem er sich gut verstand. Und all das, was häufig belächelt wird, etwa Eurythmie – hierbei wird Sprache mit Körperbewegungen in Verbindung gebracht –, hat ihm sehr gutgetan. Mein Mann engagierte sich in einem Arbeitskreis, in dem Holzspielsachen gefertigt wurden, ich in einer Müttergruppe, die selbst hergestellte Dinge auf einem Adventsmarkt verkaufte.

Markus war offenbar künstlerisch begabt und sehr kreativ; die Waldorfschule förderte das. Schon als kleiner Junge bastelte er gern. Immer noch denke ich an die »Dampflok«, die er aus einem rechteckigen und einem runden Waschmittelkarton bastelte und mit der er im Zimmer herumfuhr und täuschend echte Dampflokgeräusche nachmachte.

Aber Markus war auch neugierig, probierte gern etwas aus. Das führte dazu, dass wir ziemlich regelmäßig das Krankenhaus konsultieren mussten, weil er sehr oft mit Schürfwunden, tiefen Kratzern und sogar kleineren Brüchen heimkam. Ein besonderes Abenteuer ging Gott sei Dank glimpflich aus: Ein Unwetter in Orkanstärke war angesagt worden. Als der Sturm losbrach, suchte ich nach Markus, fand ihn nicht. Ich war sehr beunruhigt, bis eine Nachbarin heftig bei uns läutete und rief: »Schauen Sie mal, wo Ihr Sohn ist!« Mich traf beinahe der Schlag: Markus hing fröhlich jauchzend ganz oben auf einer sehr hohen Birke, die in unserem Garten stand, und wiegte sich im Sturm hin und her. Ich gab mir Mühe, ihn nicht zu erschrecken, und navigierte ihn langsam herunter. Er hatte nur ein paar Schürfwunden und war von seinem Abenteuer total begeistert.

Endlich eigenes Geld verdienen

Mit meinem Abschluss als Betriebswirtin konnte ich mich nun beruflich neu orientieren – und endlich Geld verdienen. Zwischendurch hatte ich einer befreundeten Ärztin die Buchführung gemacht, um wenigstens etwas eigenes Geld zu haben. Kind und Haushalt, das war auf Dauer keine Perspektive für mich. Vier Jahre lang war ich ganz zu Hause geblieben, Markus war inzwischen acht und schon sehr selbstständig. Die Aufteilung von Familien- und Hausarbeit funktionierte zwischen meinem Mann und mir sehr gut. Ich aber musste wieder unter die Leute, brauchte Kontakte, geistige Anregung.

1986 las ich in der Zeitschrift *Brigitte* einen Artikel über zwei Frauen, Anne Wulf und Bärbel Hartz, die in Bremen eine Finanzberatung für Frauen eröffnet hatten. Es war wie damals bei der Fernsehsendung über das Frauenhaus in London – ich las den Artikel und sagte hinterher: »Das ist es, was ich machen will!« Mir war klar, dass ich nicht die geringste Ahnung hatte, wie man eine solche Beratung auf die Beine stellte, aber das ließ sich ja ändern. Wieder suchte ich nach einer Lösung – und fand sie.

Ich begann in einem Finanzvertrieb zu arbeiten, absolvierte dabei so viele Schulungen wie möglich und fuhr einmal im Monat nach Frankfurt, um dort an professionellen Seminaren teilzunehmen. Und ich las alles, was mir zu diesem Bereich in die Hände kam. Ich lernte eine ganze Menge in diesem Unternehmen, aber mir gefiel die Art und Weise nicht, wie Männer – es arbeiteten dort nur Männer – die dortigen Geschäfte abschlossen. Im Grunde ging es nur darum, schnell zu einem Abschluss zu kommen, möglichst rasch eine Unterschrift unter einen Vertrag setzen zu können. Ich dachte: Dazu muss doch mehr gehören. Der Hintergrund der Person, die beraten werden soll, ist wichtig. Wie lebt sie? Was hat sie für Pläne? Und nicht nur: »Sie brauchen auf jeden Fall das und das, und das gebe ich Ihnen jetzt. Am besten, Sie unterschreiben gleich.« Das ist etwas übertrieben geschildert, aber tendenziell erlebte ich die Praxis in dem Betrieb so. Das war nicht das, was ich mir vorgestellt hatte, schon gar nicht, wenn es speziell um die Beratung von Frauen gehen sollte.

Selbstständig: meine Firma »frau & geld«

Mit diesen Gedanken machte ich mich 1987 selbstständig. »frau & geld« nannte ich meine Firma. In meinem Umfeld fanden viele diese Idee nicht gut. Finanzberater hatten damals einen sehr schlechten Ruf. Jeder konnte damals ohne spezielle Ausbildung »Anlageberater« werden oder Versicherungen verkaufen. Mittlerweile ist es jedoch ein anspruchsvoller, renommierter Beruf, auch dank höherer Zugangshürden und Qualifikationsanforderungen.

Auch Erwin meinte, so etwas hätte keine Zukunft. Aber mein Gefühl sagte mir etwas anderes. Ich wollte schon immer gern selbstständig sein, meine Zeit frei einteilen können. Ganz klein, als Ein-Frau-Betrieb, fing ich an, zunächst von zu Hause aus und in Teilzeit. Dabei erfuhr ich, dass bereits eine andere Frau in München eine Finanzberatung für Frauen gegründet hatte, Svea Kuschel. Sie gehörte zu den Pionierinnen auf diesem Gebiet, fast zeitgleich mit den Bremer Unternehmerinnen hatte sie damit angefangen, Frauen für das Thema Geld und Versicherungen zu sensibilisieren. Auch sie war davon überzeugt, dass man Frauen anders beraten müsse als Männer, weil Frauen in der Regel einen anderen Lebensweg gehen. Offenbar lag etwas in der Luft – denn etwa zur gleichen Zeit entstanden auch in anderen deutschen Städten Finanzberatungen von Frauen für Frauen, meist ohne voneinander zu wissen.

Sofort nahm ich Kontakt zu Svea Kuschel auf. Im ersten Moment reagierte sie etwas verhalten, weil ich ja eine Konkurrentin sein würde. Doch als sich nach und nach herausstellte, dass sie mehr das Gebiet der Versicherungen im Auge hatte, ich aber Geldanlagen, waren sämtliche Vorbehalte ausgeräumt. Über sie wurde ich Mitglied in der Arbeitsgemeinschaft »FinanzFachFrauen – bundesweit seit 1988« einem Netzwerk von Fachfrauen, dem ich bis heute angehöre, zusammen mit Renate Fritz, meiner Mitgeschäftsführerin. Mit Svea Kuschel habe ich immer noch regelmäßigen Kontakt.

Es folgten wichtige Jahre. Mehrmals im Jahr trafen sich die FinanzFachFrauen, immer in verschiedenen Städten; die jeweils dort ansässigen Frauen richteten das Treffen aus. Alle Mitstreiterinnen gefielen mir gut, sie waren tough und bedienten die unterschiedlichsten Ausrichtungen, von Immobilien über Sachversicherungen bis zu betrieblicher Altersvorsorge.

Unser gemeinsames Motto war: »Frauen können rechnen! Mit uns«.

Wir organisierten Fortbildungen und tauschten Erfahrungen aus. Gerade Letzteres war besonders hilfreich und interessant: wie jede von uns ihre Arbeit strukturierte, mit welchen Geldanlageprodukten sie arbeitete, welche Erfahrungen sie mit bestimmten Unternehmen im Finanz- und Versicherungsbereich machte.

Zudem besuchte ich immer wieder diverse Fortbildungen in Frankfurt bei einem damals bekannten Anlegerschützer, Heinz Gerlach. Ich war eine von nur wenigen Frauen in diesen Seminaren. Während der Mittagspause setzte ich mich an einen Tisch, an dem sich schon fünf oder sechs Männer niedergelassen hatten. Wie alle anderen trug ich ein Ansteckschild mit meinem Namen und dem meines Unternehmens. Die Männer drehten sich zu mir, als ich Platz genommen hatte, warfen einen kurzen Blick auf das Schild, dann fragte einer von ihnen: »frau & geld – was ist das denn?« Ich erklärte es ihnen. Sie reagierten mit einem »Ach so«, woraufhin sie sich von mir abwandten und ihr Gespräch fortsetzten, ohne mich weiter einzubeziehen. Sie redeten und redeten, aber nicht mit mir. Sie ignorierten mich völlig.

Alles nur Männersache?

Als ich einigen Frauen aus unserem Netzwerk von diesem Erlebnis erzählte, erfuhr ich, dass viele von ihnen ähnliche Erfahrungen gemacht hatten, auf massive Widerstände gestoßen waren. Manche Männer reagierten dermaßen blöd, dass man es kaum fassen konnte: »Muss ich dann einen Rock anziehen, wenn ich als Mann zu Ihnen komme?« Ich hatte eigentlich erwartet, dass mein Angebot gerade bei Männern aus der Branche auf Interesse stoßen würde. Warum fragten Männer nie: »Warum haben Sie ein solches Unternehmen aufgezogen? Was steckt dahinter?« Keiner fand unsere Dienstleistung bemerkenswert, niemand sagte: »Ja, super, das stimmt, das fehlte. Frauen haben andere Lebensperspektiven, oft nicht so viel Geld wie Männer, sie sind es, die Unterbrechungen in ihrer Erwerbsbiografie haben. Bei den Männern ist das ja kaum der Fall. Die üben meist ihren Beruf aus, bis sie in Rente gehen.«

Hätten die Männer sich damit auseinandergesetzt, hätten sie verstanden, dass Frauen eine andere Beratung brauchen, andere Strategien. Aber es interessierte sie nicht. Am Anfang gab es wirklich nur Hohn und Spott. Erst als im Lauf der Jahre auch durch Medienberichte klar wurde, wie gut unsere Geschäftsidee bei den Frauen ankam, wurden wir allmählich ernst genommen. Auf einmal waren wir nämlich auch eine Konkurrenz: Wenn sich die Frauen nicht mehr auf die Berater in Banken und Sparkassen oder sonstigen Institutionen verließen, bestand schließlich die Gefahr, dass diese Unternehmen einen Teil ihrer Klientel verloren. Und aufgrund der Tatsache, dass Frauen mehr und mehr das Berufsleben bestimmten, ein eigenes Einkommen hatten, auch erbten, war das kein unerhebliches Potenzial.

Wir FinanzFachFrauen hatten das große Glück, dass die Medien sich sehr für unsere Arbeit interessierten. Journalistinnen stellten uns genau jene Fragen, die sich eigentlich die männlichen Finanzkollegen hätten stellen sollen: »Warum machen diese Frauen das? Was bewegt sie?« Nicht nur von regionalen Zeitungen kamen Anfragen für Interviews, auch das Bayerische Fernsehen drehte Beiträge mit uns. Die zunehmende Bekanntheit wirkte sich natürlich positiv auf unser Geschäft auf.

Zunächst kamen überwiegend Frauen aus der sozialen Szene Münchens zu mir, meist Sozialpädagoginnen und Erzieherinnen. Ich war durch meine Tätigkeit im Frauenhaus bekannt und genoss Vertrauen. Auffällig war damals – und das hat sich bis heute nur marginal verändert –, dass Frauen aus sozialen Berufen gern äußerten, Geld interessiere sie nicht. Sie glaubten, sich mit Geld zu beschäftigen, sei nicht akzeptabel, Geld sei etwas Schlechtes. Den Spruch »Geld verdirbt den Charakter« hatten sie voll und ganz verinnerlicht. Sie hatten teilweise durchaus ansehnliche Summen geerbt, entschuldigten sich aber ständig dafür.

Frauen mit Geld, aber ohne Mut

Es ging in den Beratungsgesprächen also nicht nur darum, die richtige Anlagestrategie und die geeigneten Produkte für meine Kundinnen zu finden, sondern auch darum, ihnen deut-

lich zu machen, was Geld eigentlich ist: ein neutrales Tausch-
und Wertaufbewahrungsmittel, weder gut noch schlecht. Gut
oder schlecht kann nur das sein, was man mit Geld macht.
Aber nur mit Geld ist es möglich, unabhängig zu sein und zu
bleiben. Und das war und ist der Aspekt, der mich interessiert.

Die Frauen, die in den ersten Jahren zu uns kamen, waren
meist zwischen vierzig und fünfzig Jahre alt. Oft kamen sie
nach einem Schicksalsschlag, nach der schweren Erkrankung
oder dem Tod des Partners. Oder – noch häufiger – wenn
der Mann sich wegen einer anderen Frau von ihnen getrennt
hatte. Sie waren davon meist völlig überrascht und hatten keinerlei Vorsorge getroffen.

Meist hatten sich die Frauen weder um das gemeinsame
Geld noch um eine Absicherung für sich selbst gekümmert.
In der Regel überließen sie die familiären Geldgeschäfte ganz
dem Mann. Ich kann mich an so manches Beratungsgespräch
mit Ehepaaren erinnern: SIE hatte eine beträchtliche Summe
geerbt, das Gespräch mit mir führte aber ausschließlich ER.
Und immer, wirklich immer, versuchte ER mir gleich in den
ersten zehn Minuten klarzumachen, wie gut er doch Bescheid
wusste – vielleicht sogar besser als ich. Da waren die Gespräche mit Frauen allein ganz anders, viel entspannter: Frauen
haben kein Problem damit zuzugeben, dass sie beim Thema
Geldanlagen Wissenslücken haben.

Ein großes Problem war damals, dass Frauen bei Banken
oft nicht ernst genommen wurden, zum Beispiel wenn sie sich
selbstständig machen wollten und einen Kredit brauchten. Bei
einem Banktermin bekam die Frau gern zu hören: »Warten
wir doch noch, bis Ihr Mann kommt«, obwohl dieser gar nicht
an dem Gespräch teilnehmen sollte, weil es ja um die Ver-
wirklichung IHRER Geschäftsidee ging.

Solche Erfahrungen spielen bei meinen Beratungen heute kaum noch eine Rolle; heute geht es überwiegend um Altersvorsorge und Angst vor Altersarmut.

Schwierigkeiten hatte ich über Jahre hinweg mit der Ängstlichkeit und Risikoscheu vieler Frauen. Es war für mich schwer verständlich, dass sie eher bereit waren, auf gute Renditechancen zu verzichten, als Kursschwankungen, zum Beispiel bei Aktienfonds, auszuhalten, obwohl ich nachweisen konnte, dass die Fonds über zwanzig Jahre hinweg trotz zwischenzeitlicher Krisen sehr gute Anlageergebnisse gebracht hatten. Die Frauen vergaben sich damit einen finanziellen Erfolg, den sie eigentlich bitter nötig gehabt hätten, um beispielsweise für die Altersvorsorge zu sparen.

Im Lauf der Jahre kamen die Frauen immer früher zu uns, manchmal schon mit Mitte, Ende dreißig – immer noch eigentlich zu spät, aber immerhin. Und es änderte sich auch die Motivation. Zwar kamen weiterhin viele aufgrund von Trennung oder Scheidung, aber immer mehr Frauen wollten vor allem eins: finanziell unabhängig sein.

Zu den Männern aufgeholt haben sie aber immer noch nicht: In den letzten fünfzehn Jahren hatten wir insgesamt etwa 5600 Neu-, also Erstberatungen – davon betrafen nur 220 Frauen unter fünfunddreißig! Während Männer in der Regel schon mit Anfang zwanzig anfangen zu sparen, schieben Frauen dies gern auf bis Mitte dreißig oder noch später. Männer wissen, dass sie für sich sorgen müssen, Frauen offenbar nicht.

Besonders bekümmerte mich die Tatsache, dass fast jede zweite Frau zwischen fünfzig und sechzig zu uns kam, weil ihr Mann sie wegen einer anderen Frau verlassen wollte. Da hatte sie ihm jahre- und jahrzehntelang den Rücken freigehalten für seine Karriere und stand nun mit dem Rücken zur Wand.

Frauen leben riskant

Je mehr ich mich mit dem Thema »Frauen und Geld« beschäftigte, desto mehr wurde mir bewusst, dass Frauen ein hohes Risiko eingehen, wenn sie sich ausschließlich auf ihren Mann verlassen, wegen der Kinder jahrelang aus dem Beruf aussteigen. Geht die Ehe schief, sind in der Regel sie die Gelackmeierten.

Denn was macht die Frau, wenn die Kinder aus dem Haus sind und sie nicht wieder in den Beruf einsteigen kann, den sie mit der Geburt ihrer Kinder aufgegeben hat? Wenn ihr nur eine viel einfachere, schlechter bezahlte Tätigkeit bleibt, weil sie zu lange pausiert hat? Wenn sie nach einer Scheidung für sich keinen Unterhalt bekommt, weil das reformierte Unterhaltsrecht Unterhalt in der Regel nur vorsieht, wenn die Kinder unter drei Jahre alt sind? Von unverheirateten Frauen in Partnerschaften, die ihren Beruf wegen der Familie aufgeben, ganz zu schweigen – diese haben keinerlei Absicherung, wenn die Beziehung scheitert.

Es gibt also eine große Gruppe von Frauen, die unter Umständen von Altersarmut bedroht ist, und das Schlimme ist: Viele wissen es nicht einmal.

Das Ganze hat noch eine andere Seite, die ich wichtig finde: Ich bin der Meinung, diese Frauen verstärken mit ihrer Entscheidung, jahrelang nur für ihr Kind da sein zu wollen, die immer noch vorhandenen Klassenunterschiede. Denn einen langen Ausstieg aus dem Beruf muss man sich ja leisten können. Es gibt aber eine Menge Frauen, die gar nicht über derartige Alternativen nachdenken können, sie müssen arbeiten, weil sie sonst in München oder Hamburg die Miete nicht bezahlen können. Müssen die dann Schuldgefühle haben, weil ihre Kinder nicht ausschließlich von Mama erzogen werden können? Ganz im Gegenteil: Der Göttinger Hirnforscher Gerald Hüther sagte in einem Interview: »Seit Menschengedenken sind Kinder in altersgemischten Gruppen innerhalb von Gemeinschaften herangewachsen. Wenn das fehlt, kann es ganz leicht passieren, dass die Kinder auf Gedeih und Verderb den Schrullen und den Macken ihrer Eltern ausgeliefert sind.«[4]

Die Dorfgemeinschaften von früher sind heute Kinderkrippe und Kindertagesstätten. Es sind keine Aufbewahrungsanstalten, sondern frühkindliche Bildungseinrichtungen, von denen jedes Kind, gleich welcher Herkunft, profitiert.

Haben es also Frauen zwar nicht unbedingt leichter, aber letztlich doch besser, wenn sie von vornherein für sich selbst sorgen konnten oder mussten? Vielleicht hatte ich das ja schon instinktiv gespürt, als ich früher, in meiner Kindheit, unsere Störnäherin so bewunderte. Sie verdiente bestimmt nicht viel, hatte aber immerhin genug zum Leben. Und sie war ledig, also auch – im Gegensatz zu meiner Mutter – frei, um zu gehen, wann und wohin sie wollte.

Ihr Auftritt, bitte!

Schon relativ früh fing ich an, Vorträge zu halten. Ich wusste, dass es wichtig war, die Menschen, Frauen vor allem, persönlich zu erreichen. Und irgendwann würden die Medien vielleicht das Interesse an uns Netzwerkerinnen verlieren und sich auf ein neues Thema stürzen. Also nahm ich jede Einladung an, die sich bot.

Dabei hatte ich damals vor öffentlichen Auftritten große Angst. Jedes Mal war es dasselbe: Ich bekam im Vorfeld Durchfall, Magenschmerzen, Kopfweh. Ich war mir sicher: Heute Abend kommt es raus, dass ich doch nicht so viel weiß. Es war eine Qual. Heute weiß ich aus vielen Veröffentlichungen, dass das absolut frauentypisch ist. Männer haben solche Selbstzweifel wesentlich seltener.

Und es war anstrengend! Ich arbeitete ja den ganzen Tag und fuhr dann abends mit der S-Bahn oder mit dem Auto durch die Gegend, um meinen Vortrag zu halten. Heute kann ich das ganz anders gestalten: Ich halte zwar so viele Vorträge wie noch nie, aber ich nehme mir dafür tagsüber frei, ruhe mich aus und bereite mich vor.

Manchmal erlebte ich bei den Vorträgen schier unglaubliche Sachen: Einen meiner ersten hielt ich vor einem Hausfrauenbund im tiefsten Bayern. Fünf Frauen hatten sich zu dem Termin versammelt, fünf Frauen, die mit dem, was ich sagen wollte, eigentlich nichts anfangen konnten, weil sie Hausfrauen waren und dies auch bleiben wollten. Eine Frau aus diesem Quintett schlief augenblicklich ein, als ich mit einem kurzen historischen Rückblick begann. Sie wachte erst wieder auf, als die restlichen vier Damen verhalten klatschten, mehr aus Höflichkeit denn aus wirklicher Überzeugung. Sie stellten auch keine Fragen, sodass ich so schnell wie möglich wieder in mein Auto stieg und diesen Ort verließ. Obwohl es noch gar nicht so kalt war, stellte ich die Heizung an. Ich fror, und mir wurde erst wieder warm, als ich zu Hause bei meiner Familie war. Warum hatte mich dieser Hausfrauenverbund überhaupt eingeladen? Es blieb ein Rätsel.

Nicht weniger verrückt war ein Vortrag vor einer Gruppe von Müttern in einem Kinderzentrum auf dem Land, in der Nähe von Augsburg. Als ich den Veranstaltungsraum betrat, saßen alle Zuhörerinnen auf kleinen Kinderstühlchen, und auch mir, der Referentin, wurde ein solches Stühlchen angeboten: So würden »alle auf gleicher Höhe« sein. Als ich mich gesetzt hatte, befanden sich meine Knie fast vor meinem Gesicht, doch es half nichts, da musste ich durch.

Ein Blick auf die Mütter, und ich wusste, dass ich das Schlimmste noch vor mir hatte. Eine der Zuhörerinnen stillte ihr Baby, sie war völlig auf das Kind konzentriert, nicht ein einziges Mal hob sie den Kopf, um in meine Richtung zu schauen. Ein andere Mutter versuchte vergeblich, ihr ununterbrochen schreiendes Kind zu beruhigen, eine dritte wies permanent ihren Sohn zurecht: »Nein, Gregor, das darfst du nicht machen. Schau mal, Gregor, so macht Mama das.« Zwischendurch fragte sie mich mehrmals: »Was haben Sie gerade gesagt?«

Andere Frauen hatten ihr Strickzeug aus einem Beutel geholt, als wären sie in einem Handarbeitsklub. Die eine strickte einen blauen Pullover mit einem Muster – ein Rentier sollte es werden –, die Vorlage dafür lag auf den Knien und musste immer wieder zurechtgeschoben werden, damit sie nicht auf den Boden fiel. Eine Frau hatte Socken in Angriff genommen und zählte flüsternd die Maschen mit. Eine dritte häkelte an einer bunten Kindermütze herum, sie wirkte noch am entspanntesten.

Diese Gruppe zu beobachten war durchaus interessant. Damals, in den 90er-Jahren, waren die Mütter extrem konzentriert auf ihre Kinder. Statt zum Partner zu sagen: »Bleib du mal heute Abend beim Kind, wir haben eine Finanzberaterin eingeladen, ich will mir anhören, was die zu berichten hat«, wurden die Kinder überallhin mitgeschleppt.

Der Abend gipfelte darin, dass eine der Mütter am Ende meines Vortrags bemerkte: »Ja, gut und schön, aber warum brauchen jetzt Frauen eine eigene Beratung?«

Meine Antwort: »Darüber habe ich eine Dreiviertelstunde geredet, das kann und werde ich jetzt nicht noch einmal erzählen!«

In einer anderen Müttergruppe hatte man ein Buffet aufgebaut, um während meiner Rede zu essen. Jede Mutter hatte etwas dazu beigetragen. Es wurde schon mit Besteck und Tellern geklappert, als ich protestierte: »Nein, das möchte ich nicht. Ich schlage vor, Sie essen jetzt und dann halte ich den Vortrag, oder ich halte den Vortrag und Sie essen hinterher.« Die Frauen guckten mich an, als hofften sie, sich verhört zu haben. Sie hielten es wohl schlichtweg für hirnrissig, aber ich war nicht bereit, mich ihnen zu fügen. Es war ja auch nicht gerade lustig, was ich mit ihnen erlebte. Offenbar kamen sie gar nicht auf die Idee, dass man meine Erläuterungen nicht so nebenher aufnehmen konnte, zusammen mit einem sicher leckeren Nudelsalat.

Veränderungen können nur stattfinden, wenn man bei seiner Meinung bleibt, auch wenn man sich damit keine Freundinnen machte, aber das war auch nicht mein Ziel. Es war keine leichte Dreiviertelstunde, die ich dann hinter mich brachte, ein etwas frostiger Gegenwind blies mir entgegen. Aber wenn nur eine dieser Frauen nachdenklich geworden war, dann hatte sich dieser abendliche Ausflug dennoch gelohnt. Mehr erhoffte ich mir sowieso nie.

Heute würde sich übrigens keine Müttergruppe mehr so verhalten, Frauen würden nicht mehr ihre Babys mitbringen, nicht mehr stricken und essen. Heute kann ich in solchen Gruppen tolle Vorträge halten, die Räume sind brechend voll. Aber natürlich hatte es damals auch an mir gelegen, dass ich überallhin fuhr, ohne mich genauer erkundigt zu haben, wer denn die Einladung ausgesprochen hatte; da hätte ich manchmal schon etwas genauer hinschauen müssen.

Und am Ende hat es sich trotz vieler Mühen und Frustrationen ausgezahlt. Kleinvieh macht auch Mist – die Redewendung stimmt einfach, und sie kann motivieren, wenn man meint, dass es sich nicht lohnt, vor wenigen Zuhörern Vorträge zu halten oder auch Frauen mit wenig Geld gut zu beraten. Manche Ziele lassen sich nur so erreichen. Nach und nach kam dann auch die eine oder andere Frau, die etwas geerbt hatte und wissen wollte, was sie damit machen könne. So entwickelte sich alles, aber nicht von allein und schon gar nicht mit dem, was manche Leute gern das Glück nennen.

Es war harte Arbeit, Jahr für Jahr, neben Ehe und Kind. Immer achtete ich darauf, dass Markus neben meinem beruflichen Einsatz nicht zu kurz kam. Im Gegensatz zu den oben erwähnten Müttern nahm ich ihn aber nie zu meinen Vorträgen mit. Trotz der vielen Arbeit war ich glücklich, weil ich selbst etwas auf die Beine gestellt hatte, weil ich erfolgreich war.

Kreativurlaub mal ganz anders

Meine Vorträge und auch einige andere Texte hatte ich vorwiegend in Südfrankreich verfasst: Über Freunde hatten mein Mann und ich das Angebot bekommen, unsere Sommerferien auf einem alten Bauernhof in den französischen Seealpen zu verbringen. Das Anwesen lag hoch oben auf einem Berg; die Besitzer des Hofs waren die Eltern unserer Freunde, sie hatten vor längerer Zeit nicht nur das Gebäude auf diesem Gipfel, sondern auch sehr viel umliegenden Grund gekauft und ihn mithilfe von Zuschüssen seitens des französischen Staats mit Schwarzkiefern aufgeforstet. Da mussten wir hin, das klang nach Abenteuer (für Markus), nach unberührter Natur (für Erwin) und nach Abgeschiedenheit (für mich). Mein beruflicher und familiärer Alltag war so turbulent, dass mir die Ruhe fehlte, die ich so dringend brauchte, um mich aufs Schreiben zu konzentrieren. Und da Erwin, wie ich schon aus vergangenen Ferien wusste, gern etwas mit unserem Sohn unternahm, die Natur mochte, Pflanzen bestimmte und Tiere beobachtete, musste ich mir auch keine Gedanken darüber machen, ob er sich in der Einöde langweilen würde.

Das Anwesen, das nur über eine extrem steile, unbefestigte Straße erreichbar war, bot keinen Komfort, lag aber zauberhaft, mit einem weiten Blick über das Land – Natur pur. Etwas entfernt von dem Anwesen war in einen Felsen ein großes Wasserbecken gehauen, in dem wir schwimmen konnten. Einmal am Tag, wenn wir Mittagsruhe hielten, kam eine etwa anderthalb Meter lange Schlange zu Besuch, die den Hang heruntergeglitt und in aller Ruhe am Wasserbecken trank. Es war eine *couleuvre*, eine Natter, zum Glück ungiftig.

In großer Einsamkeit lag das Gehöft da, wir konnten lange Spaziergänge machen und nachts einen herrlichen Sternenhimmel anschauen. Dabei begegneten wir keiner Menschenseele, niemand verirrte sich auf den Berg, dafür war der Anstieg zu steil, man überlegte es sich zweimal, ob man den Aufstieg wagen wollte. Selbst mit dem Auto war das Hinauffahren nicht ohne. Ein Einkauf im nächstgelegenen Dorf im Tal musste gründlich geplant werden, wir durften nichts vergessen, weil man ja »nicht eben schnell mal zum Einkaufen fahren« konnte.

Damit Markus einen Spielkameraden hatte, nahmen wir jedes Mal einen Freund von ihm mit, und die beiden hatten großen Spaß mit dem alten Herrn, dem der Hof gehörte; sie durften ihn Onkel Fritz nennen. Und auch er hatte viel Freude an den aufgeweckten Buben. Bei Waldarbeiten durften sie die Kreissäge halten und mit auf dem Trecker fahren. Stolz erzählten sie: »Onkel Fritz hat uns einen Traktorführerschein ausgestellt!« Für die Jungen war es ein Traum.

Onkel Fritz war ein liebenswerter »Rattenfänger«. Mein Mann und ich hörten einmal, wie er zu den beiden Jungen sagte: »Was wollt ihr denn heute machen? Wollt ihr mit den Eltern spazieren gehen (dies wurde in gelangweiltem Tonfall vorgetragen) oder wollt ihr lieber (Spannungspause) mit mir zusammen im Wald Bäume fällen?« Die Antwort schallte laut zu uns hinüber: »Wald! Wald! Mit dir!«

Mehrere Sommer verbrachten wir in dieser herrlichen Gegend, doch dann wollten die Besitzer ihr Anwesen aufgeben, die Bewirtschaftung und die lange Anreise wurden ihnen aus Altersgründen zu beschwerlich. Wir fanden uns schnell damit ab, denn wir hatten von München aus immer sieben Stunden gebraucht, bis wir oben auf dem Berg angelangt waren; praktisch gingen uns durch An- und Abreise zwei Urlaubstage verloren.

Aber wir hatten Geschmack an Urlaub in einem Ferienhaus gefunden. Deshalb kauften wir uns im Osten von Frankreich, in der Franche-Comté, ein altes, uriges Steinhaus. In der dünn besiedelten Gegend war ein einsam gelegenes altes Haus noch günstig zu bekommen. Die Franche-Comté liegt zwischen der Schweizer Grenze und Burgund und ist touristisch wenig erschlossen. Berühmt ist sie für den wunderbaren Comté, einen Käse aus der Gegend, und den Vin Jaune, einen speziellen Dessertwein, der nur in dieser Region erzeugt wird.

In die Franche-Comté mussten wir zwar auch einige Stunden fahren, doch der Weg war weitaus kürzer.

Wir hatten die Tradition beibehalten, dass einige Freunde von Markus in unseren Urlaub mitkamen, und mit diesen Jungs unternahm mein Mann alles Mögliche. Sie organisierten Flussfahrten, entdeckten abgerissene Häuser und nahmen von dort Ziegelsteine mit, um auf unserem Grundstück einen Grill zu bauen, der dann auch wunderbar funktionierte. Sie lernten, die Wiese mit einer Sense zu mähen und andere praktische Sachen. Und ich konnte mich wieder in Ruhe dem Schreiben widmen. Erwin half mir dabei. Er korrigierte meine Texte, hatte neue Ideen, über die wir dann heiß diskutierten. Es war eine fruchtbare Zusammenarbeit.

Trauer um
verpasste Möglichkeiten

In den letzten Jahren hatte ich zu meiner Mutter kaum noch
Kontakt gehabt. Jedes Mal, wenn ich mich dazu durchgerun-
gen hatte, sie zu besuchen, fingen wir nach zehn Minuten
zu streiten an. Es ging einfach nicht, und ich wollte mir auch
nicht länger ihre Vorwürfe anhören. Lange genug hatte ich
versucht, einen Weg zu ihr zu finden. Es war mir nicht ge-
glückt. Das musste ich wohl oder übel so hinnehmen.

Meine Mutter hatte im Haus meines Bruders Heribert, meinem Elternhaus, eine Zweizimmerwohnung mit Küche und
Bad. Als sie körperlich schwächer wurde und den Haushalt
nicht mehr so gut organisieren konnte, kümmerte sich Erna,
die Frau meines Bruders, um sie. Meine liebe und tüchtige
Schwägerin wurde von meiner Mutter fast so schlecht behandelt wie ich. Meine Mutter kam einfach nicht mit Frauen zurecht, mit keiner Frau aus ihrer näheren Umgebung und schon
gar nicht mit der Frau ihres Sohnes. Mehrfach hatte sie meiner
Schwägerin unrecht getan, mehrfach hatte ich meiner Mutter
zu verstehen gegeben, dass sie froh sein könne, so eine liebenswerte und fürsorgliche Schwiegertochter zu haben. Aber
natürlich hatten meine Worte nichts genützt, meine Mutter
hatte weiterhin ständig etwas an Erna auszusetzen. Ich wäre
nicht so geduldig gewesen, hätte sie nicht so lange in meinem

Haus behalten. Meine Mutter war einfach kein Mensch, mit dem man es gut aushalten konnte.

In ihren letzten Lebensjahren wurde sie zunehmend dement, sodass mein Bruder und seine Frau keine andere Möglichkeit mehr sahen, als ihr einen Platz in einem ganz nahe gelegenen und gut geführten Heim zu besorgen. Unsere Mutter hatte unter anderem angefangen, nachts aufzustehen, weil sie unbedingt kochen wollte, wobei sie am Ende vergaß, die Herdplatten auszuschalten. Zu groß war die Gefahr, dass sie durch ihre Vergesslichkeit und Unachtsamkeit das Haus in Brand setzte oder etwas anderes anstellte. Heribert und Erna arbeiteten ganztags in ihrem Geschäft, konnten sie deshalb auch nicht ständig im Blick haben. Ein gutes Heim schien tatsächlich die ideale Lösung zu sein.

Mit meinem Bruder hatte ich kaum je über unsere Mutter gesprochen, über ihr Verhalten insbesondere mir gegenüber. Ich wusste ja, dass es ihn gestört hatte, wie sie mich behandelte, und außerdem erfuhr ich später noch, dass auch mein Bruder kaum noch den Kontakt zu ihr gesucht, nur wenig mit ihr gesprochen hatte. Heute denke ich, wir hätten nicht schweigen sollen. Schweigen, um jemanden zur Einsicht zu bewegen, hat noch nie etwas gebracht. Vielleicht hätten wir etwas bewirken können, wenn wir gemeinsam mit ihr gesprochen hätten.

Es waren schließlich nur einige Monate, die unsere Mutter im Heim verbrachte, dann starb sie 1992 mit vierundachtzig Jahren für alle überraschend und ganz plötzlich. Sie war immer bei guter Gesundheit gewesen. Ein einziges Mal lag sie wegen eines Oberschenkelhalsbruchs im Krankenhaus, aber eine schwere Krankheit hatte sie nie. Deshalb war ihr Tod für alle unerwartet gekommen. Sie starb ruhig, ohne Schmerzen, sie hatte einen schönen Tod.

Die Nachricht vom Ableben meiner Mutter hatte mich wenig schockiert – es war die Beerdigung, die mich völlig aus der Fassung brachte.

Meine Mutter fand ihre letzte Ruhestätte im Familiengrab. Wieder waren viele Leute erschienen, wenn auch nicht so viele wie zur Beisetzung meines Vaters. Immerhin war meine Mutter eine bekannte Geschäftsfrau in unserer Ortschaft gewesen. Während der Trauerzeremonie weinte ich unentwegt, und die Leute sahen mich schon besorgt an, denn es war allgemein bekannt, dass unser Verhältnis alles andere als innig gewesen war.

Meine Tränen flossen – aber nicht etwa, weil ich sie so sehr vermisste. Es war vorbei, und vorbei hieß für mich: Es gab keine Verständigung mehr. Meine Hoffnung, dass sie mir doch eines Tages sagen würde, dass sie mich mochte, konnte sich nicht mehr erfüllen. Ich weinte, weil sich nichts mehr bessern konnte, weil ich ein Leben lang versucht hatte, ihr zu gefallen. Und ich weinte wegen der verpassten Möglichkeiten, wegen der Dinge, die nicht passiert waren.

Mit der *ZEIT* kam der Durchbruch

In München konzentrierte ich mich wieder auf die Gegenwart. Denn noch im gleichen Jahr – 1992 – passierte beruflich etwas Unerwartetes und Erstaunliches.

Ein Journalist des *ZEIT Magazins*, Karl-Heinz Büschemann, rief mich an: »Sie sollen etwas anders sein als die anderen.«

»Wer hat das gesagt?«, fragte ich nach.

»Ein bekannter Finanzexperte. Wir haben ihn gefragt, ob er eine Finanzberaterin kennt, die ihre eigenen Sichtweisen auf die Welt des großen Geldes hat. Daraufhin gab er uns Ihren Namen und Ihre Telefonnummer.«

»Und wieso rufen Sie an?« Langsam war ich neugierig geworden, bislang hatte ich vorwiegend mit den bayrischen Medien zu tun gehabt, überregionale Wochenzeitungen hatten sich noch nicht bei mir gemeldet.

»Wir würden gern ein Porträt über Sie schreiben, dazu ein ganzseitiges Foto. Falls Sie damit einverstanden sind.«

Natürlich war ich damit einverstanden, eine bessere Publicity konnte es kaum geben. ZEIT-Leserinnen waren genau die Klientel, die ich ansprechen wollte.

Das Porträt mit dem Titel »Wo guter Rat weiblich ist« war sehr ansprechend und sympathisch geschrieben. Und das ganzseitige Foto zeigte mich gestikulierend in meinem Büro in einer groß getupften Bluse, die dunklen Haare damals noch halblang. In dem Artikel hieß es, dass ich zu allem etwas zu sagen hätte, ob festverzinsliche Wertpapiere, Pfandbriefe, Aktien, Dollaroptionen oder geschlossene Immobilienfonds. Aber dass es auch kein Patentrezept für Geldanlagen gäbe, egal, ob man 5000 oder 300 000 Mark auf einem Konto liegen hat.

Es ging natürlich auch darum, warum ich mich auf die Beratung von Frauen spezialisiert hatte, warum Frauen sich weniger um Geld und Altersvorsorge kümmern als Männer. Besonders gefiel mir der Satz: »Sie spielt weder Golf noch Tennis, und die Schickeriaszene, in der andere ihre Geschäfte anbahnen, ist ihr suspekt.«

Da fühlte ich mich sehr gut beschrieben.

Nachdem der Artikel erschienen war, brach eine Lawine von Anfragen über mich herein. Offensichtlich hatte der Artikel einen Nerv getroffen. Und er brachte, im Nachhinein betrachtet, meinen Durchbruch. Bislang hatte ich alles allein, nur mithilfe meiner alten Schreibmaschine, Modell Olympia, geschafft. Das war nun nicht mehr möglich. Ich musste eine Teilzeitkraft anstellen – mehr konnte ich mir zu der Zeit nicht leisten –, um all die Anfragen zu bewältigen. Ich arbeitete Tag und Nacht, zwölf bis vierzehn Stunden, denn ich wusste, dass ich diese Chance nutzen musste, sie würde so schnell nicht wiederkommen. Manchmal saß ich in meinem kleinen Büro, das ich gemietet hatte, und rief völlig erschöpft meinen Mann an: »Ich bin so fertig, ich weiß nicht mehr, wie ich nach Hause kommen soll.« Erwin blieb ganz ruhig und redete mir gut zu: »Du packst das schon. Ich hole dich vom Bahnhof ab.« Mit letzter Kraft riss ich mich zusammen, griff meine Tasche, ging mechanisch zur S-Bahn-Station, zählte die Bahnhöfe ab, bis ich zu Hause ausstieg. Mein Mann wartete auf dem Bahnsteig und begleitete mich nach Hause.

So ging es wochenlang weiter. Aber weil ich über mich selbst bestimmte, hatte ich die Power, das alles durchzuhalten. Niemand verlangte von mir, dass ich mich verausgabte – es war einzig und allein meine Entscheidung. Ich wollte etwas erreichen, dafür musste man eben zeitweise einen Preis bezahlen. Aber ich war natürlich nicht nur erschöpft, sondern auch über die Maßen glücklich über dieses »Geschenk« und diese große Chance.

Und als sich einiges sortiert und geordnet hatte und ich wieder aufatmen konnte, kam der nächste Türöffner. Der Piper Verlag, durch den ZEIT-Artikel aufmerksam geworden, bot mir an, ein Buch zu schreiben. Aber konnte ich das überhaupt? Bürdete ich mir zu viel auf? Sollte ich zusagen? Trotz aller Zweifel unterschrieb ich den Vertrag, und 1994 erschien mein erstes Buch *frau & geld*. Auf dem Cover war unser damaliges Firmenlogo abgebildet. Es zeigte den früheren 20-Mark-Schein mit dem Porträt von Elsbeth Tucher, einer reichen Nürnberger Patrizierfrau, nach einem Gemälde von Albrecht Dürer. Der Witz dabei war – ein Einfall unserer Grafikerin –, dass die Banknote ein wenig verfälscht wurde. Zum einen schaute die Kaufmannsfrau nicht mehr ernst, sondern zwinkerte dem Betrachter wissend mit dem linken Auge zu. Zum anderen wurde man stutzig, weil die edle Dame nicht auf einem 20-Mark-Schein zu sehen war, sondern auf einem Tausender.

Eine Geldseite für *Brigitte*

Ungefähr zwei Jahre nach der Buchveröffentlichung führte die Journalistin Susanne Mersmann mit meiner Kollegin Svea Kuschel und mir ein großes Interview für einen Sonderteil »Frau und Geld« der Zeitschrift *Cosmopolitan*. Es wurde ein so großer Erfolg, dass wir in der Folge dort regelmäßig über Geld- und Versicherungsthemen schrieben. Und als Susanne Mersmann zu *Brigitte* wechselte, fragte sie mich, ob ich mir vorstellen könnte, für die größte deutsche Frauenzeitschrift über Geldthemen zu schreiben. Es sei bisher nur eine Idee von ihr, sie wüsste nicht, ob ihr Vorschlag von der Chefredaktion angenommen würde. Aber ob ich grundsätzlich dazu bereit sei? Ich nickte in Richtung Hamburg: Natürlich, sehr gern …

Kurze Zeit später rief Susanne Mersmann an: »Man möchte Sie gern kennenlernen, wir bezahlen Ihnen auch den Flug.« Ich nahm die Einladung an, wusste aber nicht, dass nicht nur die legendäre damalige Chefredakteurin Anne Volk mich sehen wollte, sondern ihre gesamte Belegschaft. An einem langen Tisch saßen etwa vierzig Redakteurinnen und einige Redakteure. Anne Volk betrat als Letzte den Konferenzraum und begrüßte mich, für alle hörbar, mit den Worten: »Schön, dass Sie da sind, Frau Sick, aber ich sage Ihnen gleich, ich bin dagegen.« Ein Schmunzeln ging durch die Runde, man schien solche Auftritte von ihr zu kennen. »Aber ich möchte Sie dennoch bitten, uns zu erklären, warum Finanzen für Frauen so wichtig sind.«

Das war natürlich eine Herausforderung, und ich legte mich mächtig ins Zeug, bot alles auf, was ich zu dem Thema zu sagen hatte. Ich wollte unbedingt deutlich machen, dass zu einem Frauenleben nicht nur Mode, Kosmetik und tolle Rezepte gehören, sondern eben auch Geld. Eigenes Geld. Weil sich Frauen nicht nur auf Männer verlassen dürfen, weil sie eigenständig, unabhängig bleiben sollten. Und ich erwähnte auch, dass eine bedeutende Frauenzeitschrift wie *Brigitte* an diesem Thema nicht vorbeischauen dürfe.

Ich bekam den Auftrag – 1996 hieß es: »Sie können fortan regelmäßig eine Kolumne für *Brigitte* schreiben.«

Ich konnte es kaum fassen. Auf diese Weise würde ich Millionen von Frauen erreichen! Aber ich hatte noch eine Frage: »Wird das Thema vorgegeben oder kann ich es selbst aussuchen?« – »Da mischen wir uns nicht ein«, lautete die Antwort. »Sie sind die Expertin, Sie wissen, was Frauen auf dem Finanzsektor wissen müssen.«

Es war fast zu schön, um wahr zu sein.

Mein Hochgefühl hielt genau bis ins Flugzeug an. Kaum angeschnallt, packten mich Angst und heftige Zweifel. Kann ich das überhaupt? Habe ich so viel zu sagen? Fällt mir immer wieder etwas ein?

Als das Flugzeug in München landete, war ich fast sicher, dass ich meine Zusage rückgängig machen sollte. Mein Mann holte mich aber wieder auf den Teppich. »Wenn du so eine einmalige Chance vergibst, dann bist du verrückt«, hielt er mir vor. Und nach einigen schlaflosen Nächten und mehreren Panikattacken freundete ich mich mit der neuen Aufgabe an. Immerhin hatte ich ja mittlerweile bei »frau & geld« ein tolles Mitarbeiterinnenteam an meiner Seite. Auch die Journalistinnen von *Brigitte* hatten manch gute Idee. Und ich konnte jederzeit meine Kolleginnen, die FinanzFachFrauen, um Rat fragen.

Seit über zwanzig Jahren schreibe ich nun schon für *Brigitte* und *Brigitte Woman*. Ich beantworte in beiden Zeitschriften Anfragen von Leserinnen, in *Brigitte* oftmals die von jüngeren, in *Brigitte Woman* meist die von Frauen über vierzig.

In diesen Jahren wurden die Mitarbeiterinnen der beiden Zeitschriften eine Art zweite Familie für mich, allen voran Susanne Mersmann, die mich zu *Brigitte* geholt hat. Ihr verdanke ich die Idee mit der Finanzkolumne, mit den »Geldtipps« und viele andere Anregungen. Susanne ist inzwischen nicht mehr bei *Brigitte,* aber wir haben bis heute Kontakt, halten uns gegenseitig darüber auf dem Laufenden, was in unserem Leben gerade so los ist.

Brigitte Huber, die heutige Chefredakteurin, und Claudia Münster, eine ihrer Stellvertreterinnen und meine jetzige Ansprechpartnerin, lassen mir weiterhin freie Hand. Dafür bin ich ihnen sehr dankbar, denn es ist die konsequente Fortsetzung dessen, was ich seit so vielen Jahren zu schätzen weiß.

Die Zusammenarbeit könnte besser nicht sein. Ich konnte und kann schreiben, was ich will, auch Kritisches. Entsprechend breit war und ist das Themenspektrum sowohl in meinen »Geldtipps« in *Brigitte* als auch in den »Fragen zum Geld« in *Brigitte Woman*. Es reicht von Möglichkeiten zur Altersvorsorge wie Riester-Verträge, Direktversicherung oder Fondssparpläne über Infos zur gesetzlichen oder privaten Rente, Immobilienkauf, Versicherungen aller Art bis hin zu den vielen unterschiedlichen Geldanlagen.

Ich liebe die Arbeit für die beiden Zeitschriften unter anderem deshalb, weil ich – genau wie in meinen Beratungen – tiefe Einblicke in das Leben von Frauen bekomme. In ihren Zuschriften schildern mir Leserinnen in aller Offenheit ihre – zum Teil unglaublichen – Familienverhältnisse. Immer wieder erschüttert es mich beispielsweise, wie viele Frauen wegen einer anderen Frau verlassen werden. Es macht mich zornig, wenn ich lese, dass sich wieder einmal ein Mann bei der Scheidung um den Zugewinnausgleich drückt, indem er Geld verschwinden lässt. Mein Zorn gilt aber auch den Frauen, die zu vertrauensselig sind, die sich nicht um das gemeinsame Geld kümmern und es damit ihrem Mann leicht machen, sie zu schädigen.

Viele Fragen resultieren auch daraus, dass das Thema Geld in der Beziehung ein Streitpunkt ist: Lieber getrennte Konten oder ruhig ein gemeinsames? Wer soll bei einer Immobilie im Grundbuch stehen? Wer trägt wie viel zur Miete bei, wenn die Einkommen sehr unterschiedlich sind? Was wird aus der privaten Rentenversicherung der Frau, wenn sie länger in Elternzeit geht, der Mann also Alleinverdiener ist? Nicht immer gibt es eine einfache Lösung, aber mir kommt es darauf an, den Frauen Denkanstöße zu geben.

In meiner täglichen Arbeit und in Zuschriften fällt mir auf, dass viele Frauen ihren Beruf immer noch als eine Art Fronarbeit sehen, eine lästige Pflicht, der man sich so schnell wie möglich entledigen sollte. So konnte ich es kaum glauben, dass nach einem meiner Vorträge – Titel: *Ein Mann ist keine Altersvorsorge* – eine etwa vierzigjährige, sehr gut gekleidete Frau fragte, ob ich denn WIRKLICH der Meinung sei, dass auch Frauen immer arbeiten müssen! Kaum vorstellbar, dass ein Mann so etwas fragen würde. Männer wissen, dass sie für ihren Lebensunterhalt selbst aufkommen müssen, lebenslang – Frauen wissen das offenbar nicht.

Ich verstehe das nicht. Wer nicht abhängig sein will, mit unter Umständen sehr unangenehmen Folgen, muss eigenes Geld verdienen. Und eigenes Geld verdient man nun mal mit Arbeit. Ich mache etwas, was ich kann und wofür ich bezahlt werde und was mir im Idealfall auch noch Spaß macht und Erfüllung bringt. Und mit diesem Geld, das ich dann eigenhändig verdient habe, kann ich entscheiden, was ich mit meinem Leben anstelle.

Ich nehme jede Gelegenheit wahr, als Autorin offen meine Meinung zu sagen. Dass ich deswegen auch ziemlich böse Zuschriften bekomme, gehört eben zum Geschäft. Als ich mich zum Beispiel – lange nach meiner Zeit in der Arbeitsgemeinschaft Sozialdemokratischer Frauen (ASF) – auch in *Brigitte* wieder für die Abschaffung des Ehegattensplittings ausgesprochen hatte, kamen körbeweise Leserbriefe. Teilweise gingen sie heftig unter die Gürtellinie, häufig geschrieben von Männern. Ich sei wohl eine frustrierte Zicke, die keinen Mann abbekommen hätte. Ich hätte von Kindern keine Ahnung und auch davon nicht, dass die bis zum zwanzigsten Lebensjahr IMMER am besten bei Mama aufgehoben seien. Was einmal mehr zeigt: Das Ehegattensplitting ist offenkundig eine »heilige Kuh«, die keinesfalls »geschlachtet« werden darf. Es wird gar nicht darüber nachgedacht, dass eine Abschaffung ja nicht ersatzlos sein würde; es könnte dann – hoffentlich – eine andere Art von Förderung geben, die einem größeren Teil der Bevölkerung, und vor allem Kindern, zugutekäme.

Höchst erfreulich sind dagegen die vielen tollen Rückmeldungen, die ich bekomme. »Sie schreiben so klar und verständlich und immer aus dem richtigen Leben.« Oder: »Als Erstes schaue ich im Heft auf Ihre Geldseite.« Und auch das: »Mir gefällt das sehr, was Sie schreiben, auch deshalb, weil es oft nicht dem Mainstream entspricht« oder: »Wie immer großartig, fundiert und informativ ist Ihre Geldseite«. So oder ähnlich höre ich es immer wieder.

Weil sich meine Geldseite nach Meinung vieler ganz flott liest, denken viele denn auch, dass sich so kurze Texte fast von allein schreiben. Dem ist aber nicht so. Schließlich muss jede Antwort bis ins Detail stimmen. In vielen Fällen muss ich selbst erst recherchieren, bevor ich überhaupt eine Antwort geben kann. Deshalb arbeite ich mit Rechtsanwältinnen, Steuerberaterinnen, Rentenberaterinnen und Kolleginnen zusammen. Und dann muss ich auch alles ohne allzu viel Fachjargon formulieren, also mich möglichst verständlich ausdrücken.

Mit meiner Arbeit für *Brigitte* habe ich mir über die Jahre einen Namen gemacht und werde oft zu Vorträgen eingeladen. Diese sind im Laufe der Zeit zu meinem zweiten, nicht ganz unwichtigen »Nebenjob« geworden. 2016 wurde ich zum Beispiel vom BPW, dem Business and Professional Women Germany e. V., der eine größere Veranstaltung in Bremen organisiert hatte, eingeladen. Der Verein hat in Deutschland rund 1800 Mitglieder, weltweit sind es mehr als 30 000. Es ist der international größte Verband berufstätiger Frauen, der sich in Deutschland insbesondere für eine Chancengleichheit in Beruf, Wirtschaft, Politik und Gesellschaft einsetzt. Gefördert werden aber auch globales Denken und Handeln im Berufs- und Geschäftsleben sowie die Völkerverständigung. Die Stadtsparkasse in Bremen hatte dem BPW für diese Veranstaltung einen schönen Raum zur Verfügung gestellt. Die Leiterin der dortigen Presseabteilung sagte in ihrer Einführung zu meinem Vortrag: »Seit vielen Jahren lese ich Ihre Texte, und immer habe ich mich gefragt, was das für eine Frau ist, die das schafft, auf so wenig Raum so schwierige Themen klar und immer richtig darzustellen. Und als ich hörte, dass Sie kommen, da dachte ich sofort, dieser Frau gebührt der schönste Raum in unserem Haus.«

Endlich auch ein eigenes Haus

So gut es für mich beruflich auch lief – im Privatleben gab es doch immer mal wieder Probleme. Eins, das nicht zu unterschätzen war, drehte sich um das Thema »Wohnen«. Auch das Reihenhaus, in das wir umgezogen waren, wurde uns nach fünf Jahren wegen Eigenbedarfs gekündigt. Und da reichte es mir: Nun kaufen wir uns ein Haus – das war mein fester Entschluss. Wir hatten zwar nicht viel Eigenkapital, aber wir verdienten mittlerweile ja beide. Dann sollte das doch zu stemmen sein.

Die Suche war schwierig. Damals – Mitte der 90er-Jahre – waren Häuser zwar noch wesentlich günstiger als heute, aber wir mussten schon sehr auf den Preis schauen. Nach langer Suche entdeckte ich – unweit von dem kleinen Reihenhaus, in dem wir einmal gewohnt hatten – ein frei stehendes Einfamilienhaus mit Garten, das verkauft werden sollte. Das Haus sah nach meinem ersten Eindruck schlimm aus: hässliche Kunststofffenster, hässliche Türen, versiffte Teppichböden, schreckliche senffarbene Fliesen aus den 1950er-Jahren auf dem Treppenaufgang vorm Haus. Auch die Bäder waren seit den Fünfzigern nicht mehr renoviert worden. Aber das Haus hatte was. Die Raumaufteilung war gut, die Atmosphäre schön. Alles andere konnte man richten. Wir kauften das Haus günstig und renovierten es nach und nach, wie unsere Finanzen es gerade zuließen. Wie gut das gelungen ist, darüber freue ich mich jetzt noch jeden Tag: Heute ist das Haus richtig schön, der Garten idyllisch.

Mein zweites Single-Leben

Es begann in unserer kleinen Familie zu bröckeln, als Markus in die Pubertät kam. Solange er seinen Vater kritiklos angebetet hatte, war alles gut gelaufen; den kleinen Lockenkopf, der ihn anhimmelte, fand Erwin entzückend. Das änderte sich aber nun. Dabei ging es gar nicht um Zigaretten, Drogen oder Alkohol – Markus war Sportler, er spielte ja seit seinem zehnten Lebensjahr Hockey und hielt sich vom Rauchen und Trinken fern. Markus wurde nur plötzlich frecher, und das konnte mein Mann nicht vertragen. Er empfand die saloppen Antworten unseres Sohns immer als Angriff. Kam ich abends aus dem Büro nach Hause – meist arbeitete ich länger als Erwin, der Beamter war und seine Zeit gut einteilen konnte –, stand er schon in der Tür und erzählte mir, was Markus alles in seinen Augen nicht richtig gemacht hatte. Mir ging das unsagbar auf die Nerven. Zum einen war ich ziemlich geschafft, wenn ich nach Hause kam, zum anderen fand ich Erwin ungerecht.

»Was soll denn das?«, wies ich meinen Mann zurecht. »Du weißt doch, wie Kinder in der Pubertät sind. Du warst doch selbst einmal in dieser schwierigen Phase. Und wenn du das vergessen hast, dann gibt es haufenweise Literatur, in der du nachlesen kannst.«

»Ich finde, du bist viel zu nachgiebig. Du verwöhnst Markus viel zu sehr«, musste ich mir dann anhören.

»Nein, das finde ich nicht«, widersprach ich. »Er soll nur nicht eine solche Kindheit haben, wie ich sie hatte.«

Ich hielt diese Gespräche kaum aus, war sicher, dass Eifersucht mit im Spiel war, weil ich ein besseres Verhältnis zu unserem Sohn hatte als Erwin. Aber diese Auseinandersetzungen mit meinem Mann belasteten mich noch aus einem anderen Grund mehr, als es vielleicht nötig gewesen wäre. Schon seit einiger Zeit ging es mir nicht gut, und meine Ärztin konnte die Ursache dafür nicht finden. Bis sie eines Tages sagte: »Körperlich sind Sie gesund – aber kann es sein, dass Sie Probleme mit Ihrem Mann haben? Gibt es da irgendwelche Schwierigkeiten?« Ich hatte eine Ahnung, aber keine Gewissheit, sodass ich in diesem Moment nur sagte: »Ich weiß es nicht genau. Es kann sein.«

Abends erzählte ich meinem Mann davon, sprach ihn auf unsere Ehe an, doch er schwieg. Am nächsten Tag jedoch gestand er mir, dass er eine Freundin hätte.

Ich hatte gespürt, dass es zwischen uns nicht mehr stimmte, nun hatte ich die Bestätigung dafür, warum ich in so einer schlechten Verfassung war.

»Und was bedeutet das für uns?«, fragte ich leise.

Erwin zuckte nur mit den Schultern.

»Um es klar zu sagen, das geht für mich nicht.«

»Was heißt das?«

»Du verstehst das sehr gut«, erwiderte ich.

Erwin entschied sich dann dafür, seine Freundin aufzugeben. Was ihn aber nicht daran hinderte, sich immer wieder einmal auf andere Frauen einzulassen, aber nur bis zu einem bestimmten Punkt. Denn wenn sie mit Forderungen kamen, die ihm zu viel wurden, oder wenn er einfach genug hatte, dann hatte er ein »Konzept«. Nachträglich kann ich darüber lachen – er sagte dann, wie mir zugetragen wurde, zu der jeweiligen Freundin: »Also, wir müssen jetzt mal eine Pause einlegen. Ich glaube, meine Frau hat etwas gemerkt. Und das ist blöd, denn sie ist sehr temperamentvoll. Wenn die eifersüchtig wird, musst du mit allem rechnen, da müssen wir sehr vorsichtig sein und aufpassen. Das Beste ist, wenn wir uns jetzt eine Weile nicht sehen.« Damit war er sie los. Erfahren habe ich das von einer Mutter aus dem Kindergarten, den Markus besucht hatte. Sie hatte herumerzählt: »Der Erwin Sick, den ich näher kenne, der hat gesagt, jetzt dürfen wir uns nicht mehr sehen, seine Frau sei so wahninnig misstrauisch und impulsiv. Da muss man mit allem rechnen.«

Dennoch musste ich mich fragen: Wieso hatte ich das alles nicht von Anfang an bemerkt? Ich musste mir eingestehen, dass ich es nicht hatte wahrhaben wollen. Natürlich hatte ich immer wieder einen Verdacht gehabt, diesen aber einfach beiseitegewischt. Nach meiner bisherigen Geschichte war das einfach zu grauenvoll: nicht schon wieder ein Mann, der mich nur bedingt wollte. Nein. Das durfte nicht sein. Also konnte es auch nicht sein.

Ein Merkmal zeichnete die Frauen aus, die mein Mann sich suchte. Sie befanden sich beruflich dort, wo ich mich zum Zeitpunkt unserer Heirat befunden hatte … Vielleicht war ihm meine eigene Entwicklung zu rasant gegangen. Er hatte mich immer unterstützt, was ich ihm hoch anrechnete, aber ein bisschen war es so wie beim Zauberlehrling, der schließlich seinen Meister überholt. Meine Karriere hatte sich irgendwie verselbstständigt, die Presse interessierte sich für mich, immer häufiger wurde ich zu Vorträgen eingeladen, die Bücher (es waren mittlerweile mehrere), die Kolumnen in *Brigitte* – ich war immer bekannter geworden. Hatte Erwin mir zu Beginn geholfen, so war es ihm offenbar auf Dauer zu viel geworden. Zum Ausgleich suchte er sich etwas fürs Herz. Solange ich »Eliza Doolittle« war und er »Professor Higgins« sein konnte, war alles in Ordnung.

Ich war zutiefst gekränkt, aber ich war auch wütend. Warum hielt ein Mann, der für Männer seiner Generation eigentlich relativ emanzipiert war, den Erfolg seiner eigenen Frau nicht aus?

Sein Verhalten mir gegenüber änderte sich. Er fing an, ständig an mir herumzunörgeln. Das hörte sich dann so an: »Also dein Hintern ist ganz schön dick geworden.« Oder: »Jetzt kriegst du auch um den Mund ganz schön viele Falten.« Oder: »Deine Haare werden ja grau!« Dabei hatte er selbst schon seit Längerem graue Haare. Sein Bauch war auch größer geworden, und Falten hatte er ebenfalls. Diese Äußerungen trafen mich, gerade bei meinem so mühsam erkämpften Selbstbewusstsein, was mein Äußeres betraf.

Jahre später fiel mir eine Studie in die Hände, in der analysiert wurde, wie sich Männer verhalten, wenn Frauen nicht nur beruflich erfolgreich werden, sondern auch in der Öffentlichkeit stehen. Schwarz auf weiß las ich dort, dass Männer zu feige sind zu erklären, dass sie ein Problem mit dem zunehmenden Erfolg der Partnerin haben und dass sie darunter leiden. Stattdessen, so die Studie, nörgeln sie an ihren Frauen herum.

Und dann hatte ich wieder einmal einen Verdacht, und dieses Mal wollte ich das Verhältnis nicht ignorieren. Es war tatsächlich wieder eine Sachbearbeiterin aus seinem Büro. Erwin hatte zu viel von ihr erzählt, als dass ich meine Ohren davor hätte verschließen können. Wie heißt es doch so schön: »Wem das Herz voll ist, dem läuft der Mund über.«

Bei einem meiner Vorträge sah ich sie dann auch, sie saß

unter den Zuhörerinnen. Mutig sprach ich sie hinterher an: »Es ist ja schon sehr erstaunlich, dass Sie zu einem Vortrag von mir kommen. Was hat Sie denn hierhergeführt?« Sie wurde knallrot. Dann fügte ich noch hinzu: »Ich hoffe, Sie haben erfahren, was Sie erfahren wollten.« Danach fuhr ich heim, mein Mann war zu Hause.

»Ich habe heute deine Freundin getroffen«, sagte ich. »Sie hörte sich meinen Vortrag an, ich habe mit ihr gesprochen.«

»Was hast du ihr gesagt?« Aufgebracht, aber auch verunsichert sah mich mein Mann an.

»Frag sie doch selbst, du wirst sie ja wiedersehen.«

Agreement? Nein, Scheidung!

In diesem Moment hatte ich mich entschieden, dass es so nicht weitergehen konnte. Und auch Erwin musste Position beziehen, denn kurz zuvor hatte ich in Erfahrung gebracht, dass er mit dieser Frau in unser Ferienhaus nach Frankreich gefahren war. Er hatte mir weisgemacht, allein dorthin zu fahren, weil er wegen einiger Reparaturen nach dem Rechten sehen wollte. Ich konnte zu diesem Zeitpunkt wegen beruflicher Verpflichtungen nicht weg. Sein Pech war, dass wir das Ferienhaus an Bekannte vermietet hatten, die einen Tag länger als vereinbart geblieben waren. Und so passierte es, dass sie ihn ankommen sahen – in Begleitung einer anderen Frau. Erwin musste davon ausgehen, dass sie mir das erzählen würden. Und so geschah es auch.

Kaum war er zurück aus Frankreich, stellte ich ihn zur Rede: »Mir reicht es jetzt. Ich gehe morgen zu einer Anwältin und werde die Scheidung einreichen.«

Er wurde wütend: »Nein, du musst keine Anwältin aufsuchen. Ich will keine Scheidung. Wir können doch so eine Art Agreement treffen, dass wir einfach so zusammenbleiben.«

»Wie bitte? Ein Agreement? Und wie soll so ein Agreement, wie du es nennst, aussehen? Und was hätte ich davon?«

»Als dein Ehemann biete ich dir Schutz und Begleitung, du hast doch immer so viel Angst, gerade wenn es draußen dunkel wird. Wie willst du da allein in unserem Haus wohnen? Ansonsten kann jeder tun und lassen, was er will.«

»Genau. Genau darauf soll es hinauslaufen. Auf nichts anderes. Ich möchte aber nicht tun und lassen, was ich will. Das ist nicht meine Vorstellung von einer Ehe und war es noch nie. Von einer solchen Beziehung würdest hauptsächlich du profitieren, darum hast du das vorgeschlagen. Doch dazu habe ich keine Lust. Ich schaue diesem Treiben schon viel zu lange zu. Ich will mich scheiden lassen, und das ist mein letztes Wort.«

Es stimmte schon, dass ich Angst hatte, wenn ich nachts allein im Haus war, aber ich hatte auch gelernt, nach Lösungen Ausschau zu halten, mit der Angst umzugehen.

Von diesem Abend an war mein Mann unglaublich wütend auf mich, und sein ablehnendes Verhalten mir gegenüber sollte sich bis zu seinem Tod nicht legen. Ich glaube, er hat mir nie verziehen, dass ich die Scheidung einreichte, die Scheidung, die er nie wollte. Er hatte bei mir bleiben wollen, es mit seinen Herzdamen nie ernst gemeint. Es hatte ihm gefallen, dass er mit mir angeben konnte, ich war ja inzwischen durchaus bekannt, auch sah ich gut aus (das hatte ich endlich verinnerlicht), man konnte sich mit mir sehen lassen.

Mit sechzig allein –
den Buckel voller Schulden

Die Scheidung wurde teuer für mich. Ich hatte nämlich einen Riesenfehler gemacht: Mein kleines Unternehmen war ja während unserer Ehe entstanden und aufgrund meines großen Einsatzes stetig gewachsen. Das heißt, der Wert der Firma war inzwischen enorm gestiegen, und davon profitierte Erwin über den Zugewinnausgleich – er bekam die Hälfte dessen, was während der Ehe an Wert »zugewachsen« war. Wenn ich mich rechtzeitig hätte beraten lassen, wäre das zu vermeiden gewesen: Weil es für mittelständische Betriebe den Ruin bedeuten kann, im Falle einer Scheidung die Wertsteigerung eines Unternehmens teilen zu müssen, gibt es per Gesetz die Möglichkeit, einen modifizierten Zugewinnausgleich zu vereinbaren. Dann ist der Betrieb aus dem Zugewinn ausgeschlossen. Aber wie gesagt, damals wusste ich das nicht, hatte mich nicht beraten lassen und musste somit zahlen.

Ich behielt das Haus in München, auf dem aber noch eine Menge Schulden lasteten. Wir hatten es weitgehend ohne Eigenkapital gekauft. Mit sechzig saß ich also allein da und hatte den Buckel voller Schulden.

Aber immerhin bekam ich über den Versorgungsausgleich einen Anteil von Erwins Beamtenpension zugesprochen, weil ich viele Jahre unserer langen Ehe weniger verdient hatte als mein Mann.

Erwin lebte nach unserer Scheidung viele Jahre mit seiner Freundin zusammen. Zwei Jahre vor seinem Tod heirateten sie.

Dreimal hatte Erwin in den vierzehn Jahren nach der Scheidung Bekannte vorbeigeschickt. Sie sollten nachfragen, ob ich es nicht noch mal mit ihm versuchen wollte. Aber das konnte ich mir wirklich nicht vorstellen. Es hatte so viel Unehrlichkeit, Lügen und Betrug in den letzten Jahren der Ehe gegeben, das war mehr, als ich mit meinem dünnen Selbstbewusstsein verkraften konnte. Vom Fremdgehen einmal abgesehen, hatten wir uns auseinandergelebt, uns unterschiedlich entwickelt, was letztlich nichts anderes bedeutete, als dass wir uns eigentlich nur noch auf die Nerven gingen.

Aber das, was zunächst ein schmerzlicher Einschnitt in meinem Leben war, stellte sich später als wichtiger Wendepunkt heraus.

Markus geht seinen Weg

Leider brach nach der Scheidung auch Erwins Kontakt zu Markus ab. Ich fand das unentschuldbar – hatten wir doch bei der Adoption beide in vollem Bewusstsein die Verantwortung dafür übernommen, dass sich Markus von nun an nie wieder verlassen fühlen sollte. Deshalb belastete mich das sehr und ich versuchte immer wieder, zwischen den beiden zu vermitteln, schrieb Erwin, was Markus alles machte, wie er sich entwickelte, aber es kam nie eine Reaktion.

Markus interessierte sich schon in der Schule sehr für technische Bereiche. Schon während seiner Schulzeit zeichnete, schnitzte und baute er einige sehr schöne, aber auch funktionale Dinge. Es lag ihm offenbar, Sachen zu entwerfen, und so studierte er Industriedesign. Bei der Abschlussausstellung an der Hochschule für bildende Künste in Hamburg konnte ich sehen, wie vielseitig er war: Er hatte mit anderen zusammen ein Handbike für Behinderte gestaltet, einen Skihelm, mit dem man in einer Lawine überleben kann, sowie einen klappbaren Schlitten. Und er hatte einen kleinen Science-Fiction-Film produziert. Der einzige Wermutstropfen war, dass sich mein Ex-Mann nicht dafür interessierte. Ich aber war sehr stolz auf meinen Sohn und glücklich, dass er etwas gefunden hatte, was ihm Freude machte und wofür er offensichtlich eine Begabung mitbrachte. Trotz allem hatte er seinen Weg im Leben gefunden.

Der Tag, als Benny kam

Nun musste ich noch die Sache mit meiner Angst vor der Dunkelheit in Angriff nehmen, denn keinesfalls sollte Erwin recht bekommen. Und weil ich ihm zeigen wollte, dass ich weder einen Beschützer brauchte noch einen Ernährer – ich verdiente genügend eigenes Geld –, begab ich mich schnurstracks zur nächsten Polizeistation.

»Ich habe Angst vor Einbrechern«, erklärte ich einem Beamten, der sich meiner annahm. »Seit der Trennung von meinem Mann lebe ich allein in einem Haus. Was kann ich da machen?«

Der Polizist sagte: »Schaffen Sie sich einen Hund an. Mit einem Tier, das zu bellen anfängt, wenn sich jemand auf Ihrem

Grundstück nähert, werden Sie sich sicher fühlen. Einbrecher mögen es nicht, wenn Hunde anschlagen.«

Der Rat des Beamten war einleuchtend und gefiel mir. Und als eine Freundin mir erzählte, auf einem Bauernhof, wo auch Hunde gezüchtet wurden, gäbe es gerade Welpen und ich könne mir die ja mal anschauen, kam Benny in mein Leben.

Sechs kleine Parson Jack Russell Terrier tapsten gerade aus einem Stall heraus, als ich auf den Hof fuhr. Einer von ihnen, mit besonders lockigem weißem Fell mit braunen Zeichnungen, wackelte auf mich zu und umklammerte mit seinen Minipfoten meine Wade. Und damit war klar, dass es dieser Welpe und kein anderer sein musste.

Benny war frech, stur und schwer erziehbar. Aber ich schien für die Hundeerziehung auch nicht unbedingt geeignet zu sein, oder besser: Benny hielt es nicht für sinnvoll, erzogen zu werden, insbesondere dann nicht, wenn es seinem Willen zuwiderlief. Bald war ich im Englischen Garten bekannt als die Frau, die immer ihrem Hund hinterherlief. Aber Benny machte seinen Ungehorsam damit wett, dass er sehr originell und sehr gescheit war. Ich erlebte einiges mit ihm. Unvergessen die Begegnung mit einem höchst arroganten Windhund und seiner ebenso arroganten Besitzerin im Englischen Garten: Benny bemühte sich redlich, den Windhund zum Spielen zu bringen, turnte um ihn herum, hüpfte und sprang. Doch der andere schaute ihn einfach nur hochnäsig von oben herab an. Irgendwann reichte es Benny. In einem unbeobachteten Moment flitzte er zu dem exklusiven Rucksack, den die Hundebesitzerin auf dem Rasen deponiert hatte – und pinkelte hinein. Riesengeschrei der Besitzerin, verständlicherweise. Der Zwischenfall kostete mich eine Stange Geld, aber ich konnte nur mit Mühe das Lachen unterdrücken.

Oder der Tag, als ausnahmsweise mal das Gartentor des Rumfordschlössl im Englischen Garten offen stand (unter anderem gibt es dort eine Kita). Benny lief hinein. In einem Raum saßen zwölf Kinder um einen großen Tisch und aßen gerade zu Mittag. Benny raste immerzu um den Tisch herum, und ich raste hinterher, weil ich ihn einfangen wollte. Die Kinder fanden das toll, klapperten mit den Löffeln und riefen im Chor: »Sie kriegt ihn nicht, sie kriegt ihn nicht.« Zum Glück war's irgendwann auch Benny zu bunt, und er lief wieder hinaus in den Garten.

Es gab noch viele lustige Ereignisse mit Benny. Das Wichtigste aber war, dass Einbrecher bei seinem Kläffen tatsächlich das Weite suchten. Einmal wurde ich gegen drei Uhr nachts wach, weil Benny so wahnsinnig bellte. Ich lief hinunter ins Erdgeschoss, wo er unerschrocken weiter bellte. Ich machte im ganzen Haus die Lichter an, konnte aber nichts entdecken. Am nächsten Tag erfuhr ich, dass zwei Häuser weiter eingebrochen worden war. Erst hatte der Dieb es wohl bei uns versucht, doch das Kläffen hatte ihn verschreckt. Ungefähr ein Jahr später gab es einen nächsten Versuch. Erneut heftiges Bellen von Benny. Ich konnte erkennen, dass das Gartentor offen stand. Da war wohl einer schnell abgehauen.

Benny war ein echter Wachhund, was angesichts seiner geringen Größe und seiner Quirligkeit nicht auf den ersten Blick zu vermuten war. Sobald jemand am Gartenzaun stehen blieb, um sich auch nur die Schnürsenkel zuzubinden, schlug er an, als wäre er ein Kampfhund.

Sich einen Hund ins Haus zu holen war die richtige Entscheidung gewesen. Ohne ihn hätte ich vielleicht tatsächlich nicht in meinem Zuhause wohnen bleiben können.

Auch für dieses Problem hatte ich eine Lösung gefunden.

Als ich dringend Geld brauchte, bot ich Schreibmaschinen-kurse an, ging es mir nicht gut, sprach ich mit Freunden oder holte mir professionelle Hilfe, und angesichts meiner Angst vor Dunkelheit kaufte ich mir einen Hund. Aufgeben ist nicht meine Sache, ist es nie gewesen.

Späte Aussöhnung

Der Bruch zwischen Markus und seinem Vater machte mir sehr zu schaffen. Erst kurz vor Erwins Tod fanden sie die Mög-lichkeit zur Aussöhnung, was mich immer noch sehr freut. Auch Erwin und ich hatten kaum Kontakt. In einem unserer seltenen Telefonate teilte er mir mit, dass er Krebs hatte. Er fragte mich, ob ich ihm das Haus in Frankreich abkaufen wolle; bei unserer Scheidung war es ihm zugesprochen worden. Ich mochte das Haus sehr gern, konnte mir aber den Rückkauf nicht leisten. Und ich wollte auch nicht. Ich lebte allein, was hätte ich mit einem einsam gelegenen alten Haus in Frank-reich anfangen sollen?

Soweit ich weiß, hatte er noch zu Lebzeiten verfügt, dass ich nicht an seiner Beerdigung teilnehmen dürfe. Seine neue Frau verhielt sich allerdings sehr fair und sagte zu mir: »Wenn Sie wollen, dürfen Sie selbstverständlich kommen.« Ich fand das sehr nett, aber den letzten Willen meines Ex-Mannes wollte ich respektieren. Ich musste daran denken, dass auch er es in seiner Kindheit sehr schwer gehabt hatte. Allerdings war mein Mann von seiner Mutter über alles geliebt worden. Nach unserer Heirat rief sie ständig bei mir an, um mir zu berichten, was ihr Sohn alles gern essen würde, was ich ihm unbedingt zubereiten müsste, zum Beispiel überbackenen Toast mit Käse und Spiegelei. Als ich meinen Mann darauf ansprach – denn bislang hatte ich nicht bemerkt, dass er so was besonders gern mochte –, stellte sich heraus, dass er Toast mit Käse und Spiegelei verabscheute, und er drohte mir scherzhaft, das Haus zu verlassen, sollte ich je auf die Idee kommen, dieses Gericht auf den Tisch zu bringen. Was für eine absurde Situation!

Mit Erwins Schwester, Gabriela, hatte ich mich während der Zeit unserer Ehe sehr gut verstanden. Auch vor und nach der Scheidung ergriff sie für mich Partei, sie war mit dem Verhalten ihres Bruders mir gegenüber nicht einverstanden. Wir haben bis heute Kontakt, und unser Unternehmen arbeitet eng mit ihrer Tochter Sara, einer Rechtsanwältin, zusammen.

Die neue Freiheit

Die Trennung nach so langer Ehe – wir waren immerhin dreißig Jahre zusammen gewesen, davon achtundzwanzig verhei-
ratet – und die damit verbundenen Umstände waren schlimm
für mich. Selbstzweifel, Ängste und Albträume tauchten wieder auf. Aber ich hatte ja in meiner Therapie gelernt, damit
umzugehen. Und schon bald überwog das Gefühl der Erleichterung. Erleichterung, dass niemand mehr an mir herumkriti-
sierte, dass ich nicht mehr belogen und betrogen wurde. In den
letzten Jahren unserer Ehe war ich öfter krank gewesen, nichts
Ernstes, aber hier eine Erkältung, da eine Ohrenentzündung,
Bauchweh und Ähnliches. All das war verschwunden.

Kein Wunder, dass ich einige Zeit nach der Scheidung auf-
blühte. Meine Mitarbeiterinnen, die bei einem Umzug unseres Büros Fotos von mir gefunden hatten – vor der Scheidung
und einige Jahre nach der Scheidung –, konnten den Wandel
kaum fassen: »Das gibt es ja nicht! Das warst du? Du schaust
ja heute jünger aus als damals!« Auch Kundinnen, die mich
lange nicht gesehen hatten, meinten: »Ja, was haben Sie denn
gemacht? Sie sehen ja trotz Ihrer Scheidung blendend aus!«

Ich war wie befreit und wollte die neu gewonnene Freiheit
auch genießen. Zu dieser Zeit plante eine Bekannte von mir
ihre Hochzeit. Sie hatte nach ihrer Scheidung zufällig ihre
große Jugendliebe wiedergetroffen – einen britischen Militär-
arzt. Die beiden wollten sich auf der Burg in Edinburgh trauen

lassen. Es sollte eine große Hochzeit werden, und ich war eingeladen. Es war einfach traumhaft, ein bildschönes, glückliches Paar, die Burg, eine Militärkapelle und alle Männer in Jackett, Krawatte und Schottenröcken. Was für ein Anblick!

Im Anschluss an die Hochzeit hatte ich eine Rundreise durch Schottland gebucht und lernte so diese wunderschöne, beeindruckende Region kennen. Einziger Wermutstropfen war, dass fast nur Paare in der Gruppe mitreisten. Besonders wohl fühlte ich mich damit nicht, deshalb wollte ich das nächste Mal allein verreisen.

Meine nächste Reise ging nach Südtirol. Ich hatte in einer Zeitschrift von einem neu eröffneten Wellnesshotel in traumhafter Lage gelesen – da wollte ich hin, wandern und mich mit Massagen, Bädern etc. verwöhnen lassen.

Das Hotel war auch wunderschön, die Lage traumhaft, das Essen großartig. Allerdings wurde ich an einem Tischchen platziert, das ich nur erreichen konnte, indem ich mich zwischen dem Tischchen und einer dicken Säule durchquetschte. Für ein Magermodel vielleicht gerade recht, für mich nicht wirklich geeignet. Nun gut, dachte ich, man kann nicht alles haben. Auf die Idee, mich zu beschweren, kam ich gar nicht. Nach ein paar Tagen standen die physiotherapeutischen Behandlungen an. Als ich mich auszog, rief die Physiotherapeutin entsetzt aus: »Ja was haben Sie denn da gemacht! Ihr Po ist ja grün und blau!«

Da ich nicht gestürzt oder verhauen worden war, konnte nur die unangenehme Platzsituation beim Essen schuld sein. Die Physiotherapeutin beschwerte sich sofort bei den Hotelbesitzern, und ich bekam einen anderen Tisch. Unglaublich, dass man einer allein reisenden Frau so etwas zumutete – aber auch, dass ich mir das gefallen ließ!

Ich dachte sehnsüchtig an unser früheres Ferienhaus in Frankreich. Das war Erholung pur für mich gewesen, ein echtes Refugium. Sollte ich mir vielleicht wieder ein Urlaubsdomizil zulegen? Eine Bekannte erzählte mir, dass sie ein Häuschen in Kroatien hätte – sie stammte von dort. Und dass sie von einem traumhaften Grundstück wüsste, das ein alter Onkel von ihr verkaufen wollte. Ob ich nicht Lust hätte, es mal anzuschauen?

Ich war sofort Feuer und Flamme. Aber allein wollte ich diese Reise nicht antreten. Meine Nichte Renate, damals schon in meinem Unternehmen tätig, erklärte sich bereit, mich zu begleiten. Wir buchten einen Flug nach Zagreb, mieteten ein Auto und fuhren durchs Land. Und staunten! Es war eine richtige Karl-May-Landschaft, mal hügelig, mal steppenartig, dann wieder mit üppiger Vegetation. Wir trafen die Bekannte und ihren Mann zum Kaffee. Sie begleiteten uns zu dem besagten Grundstück. Ein Traum! Mindestens ein Hektar in idyllischer Hanglage, mit herrlichem Baumbestand, viele Walnussbäume, immer wieder kleine idyllische Sitzecken. Das Haus allerdings war sehr renovierungsbedürftig.

Es gefiel uns sehr gut, die Leute waren reizend. Aber es war sehr schnell klar, dass das für mich keine Zukunft hatte. Ich verstand die Sprache nicht, vor allem aber konnte ich mir nicht vorstellen, dort unbeschwert Urlaub zu machen, während die Menschen um mich herum schwer an den Kriegsfolgen zu tragen hatten und oft bitterarm waren. Und so nahm ich schweren Herzens von diesem Traumdomizil Abschied.

Renate und ich fuhren mit dem Leihwagen zurück und verbrachten noch ein paar Tage an den Plitvicer Seen. Das ist der bekannteste und älteste Nationalpark Südosteuropas, 300 000 Hektar groß, mit Wäldern, in denen Bären und Wölfe leben, wo seltene Pflanzen gedeihen. Überwältigt waren wir von den sechzehn Seen, kaskadenförmig mit etwa 135 Meter Höhendifferenz angeordnet und durch Wasserfälle, Überläufe und Höhlensysteme verbunden – ein unvergesslicher Anblick!

Noch mal gut gegangen

Die Zeitung! Es war sechs Uhr morgens, und ich hatte schon tausend Dinge in meinem Kopf bewegt, nur die Zeitung hatte ich noch nicht aus der Rolle am Gartenzaun geholt. Die gehörte aber zu meinem Tagesbeginn wie das Frühstück. Es war der 4. Januar 2004. Mein Leben war wieder bunt geworden, es gab viel im Büro zu tun, auch ein weiteres Buch sollte fertiggestellt werden. Manchmal wusste ich gar nicht, was ich zuerst erledigen sollte. Aber alles war besser, als sich mit den schlechten Jahren meiner Ehe zu beschäftigen. Bis die guten Jahre wieder zum Vorschein kamen, das würde bestimmt noch eine Weile dauern.

Sollte ich feste Schuhe anziehen, um ans Gartentor zu gelangen? Ach was. Ich entschied mich dagegen, der Weg war nicht weit, ich konnte schnell in meinen Hausschuhen zum Zeitungskasten huschen, ein paar Minuten und ein paar zusätzliche Bewegungsabläufe wären damit gespart. Ein Fehler, wie sich herausstellen sollte, denn über Nacht hatte es leicht gefroren, was ich bei meinem flüchtigen Blick aus dem Fenster nicht bemerkt hatte. Schon auf der ersten Treppenstufe vor meinem Haus rutschte ich aus. Rücklings flog ich auf die Treppe, hinunter bis zum untersten Absatz.

Ein mörderischer Schmerz durchfuhr meinen Körper. Irgendetwas musste ich mir gebrochen haben, das konnte keine einfache Prellung sein. Ich war wie erstarrt, gleichzeitig überlegte ich fieberhaft, was zu tun war. Ich brauche Hilfe – das war das Einzige, was mir in den Sinn kam, und diese Hilfe musste ich mir organisieren. Mühsam rappelte ich mich hoch, kroch mehr oder weniger auf allen vieren die Stufen hoch. Ich nahm im Flur das Telefon in die Hand, krabbelte in die Küche, hievte mich auf einen Stuhl und rief ein Taxiunternehmen an. Innerhalb weniger Minuten hielt das Taxi vor meinem Haus, ich hatte zuvor gebeten, dass mich der Taxifahrer aus der Küche abholen solle, die Haustür stünde offen, ich müsse ins Krankenhaus gefahren werden.

Vorsichtig zog mich der Taxifahrer hoch, führte mich langsam zu seinem Wagen, platzierte mich auf dem Beifahrersitz. Bei jeder Bewegung hätte ich laut aufschreien mögen, so weh tat es. Ich riss mich aber zusammen, dachte daran, dass das Krankenhaus nicht weit war, bald wären die höllischen Schmerzen vorbei.

In der Notaufnahme machte man einen Mordsaufstand, als ich erzählte, was sich zugetragen hatte: »Wieso haben Sie keinen Notarzt gerufen? Sie hätten sich nie und nimmer so viel bewegen dürfen. Wenn Sie sich einen Wirbel gebrochen haben, so wie wir vermuten, dann besteht die Gefahr einer Querschnittslähmung!«

Kleinlaut stimmte ich dem Arzt zu, er hatte recht, ich hätte einen Rettungswagen rufen sollen, aber ich hatte wohl unter Schock gestanden. Ich kannte das schon, es hatte Anlässe gegeben, bei denen ich nicht mehr fähig gewesen war, meine

Reaktionen richtig zu kontrollieren; jedes Mal hatte ich mich, wie ich im Nachhinein selbst fand, vollkommen bescheuert verhalten.

Nun wurde ich sofort geröntgt. Es sah schlimm aus, der Verdacht auf Wirbelbruch bestätigte sich, die mögliche Querschnittslähmung war nicht nur eine leere Drohung gewesen. Eine Schwester führte mich in ein Zimmer, in dem ein Bett stand, und sagte: »Bitte legen Sie sich hin, bis ein Arzt kommt.«

Renitent erwiderte ich: »Das kommt gar nicht in Frage, ich lege mich nicht in dieses Bett, ich werde jetzt sofort in mein Büro fahren. Ich habe Schmerzen, dagegen geben Sie mir ein Medikament, aber dann lassen Sie mich in Ruhe.«

Meine Reaktion war so vehement, dass die Schwester den Stationsarzt holte. Der redete beruhigend auf mich ein: »Jetzt setzen wir uns erst mal auf das Bett. Ich habe die Röntgenbilder mitgebracht – schauen Sie, so sieht es aus. Um ganz genau zu wissen, was mit Ihnen los ist, müssen wir noch eine weitere Untersuchung machen, ein MRT, damit kann man sehr gut die Weichteile der Wirbelsäule erkennen. Dies ist notwendig, um beurteilen zu können, wie groß die Gefahr für Sie ist. Und weil wir das noch nicht richtig einschätzen können, müssen Sie sich erst einmal hinlegen.«

Der Arzt hatte es geschafft, mich zu überzeugen. Langsam kam ich zu mir, begriff, dass ich mich gerade nicht unter Kontrolle gehabt hatte. War ich denn vollkommen verrückt, dass ich nach diesem Sturz gleich wieder arbeiten wollte? Ohne weiter Widerstand zu leisten, legte ich mich auf das Bett und ließ dann auch kurz danach das MRT über mich ergehen.

Vierzehn Tage musste ich im Krankenhaus bleiben. Markus war beim Studium in Hamburg, ihn wollte ich nicht beunruhigen. Renate besorgte mir Kleidung, Freundinnen brachten Lesestoff vorbei. Benny, den ich noch gar nicht lange hatte, kam in eine Hundepension. Er war völlig verstört, weil er von einer Minute auf die andere in eine fremde Umgebung gebracht wurde.

In diesen zwei Wochen wurde ein spezielles Korsett für mich angefertigt, ein Ding mit vielen Aluminiumstangen, das ich viele Monate lang tragen musste. Als es angepasst war, konnte ich das Krankenhaus verlassen. Ich sollte mich schonen, möglichst keine falschen Bewegungen machen und schon gar nichts Schweres tragen. Und was tat ich? Es zog mich ins Büro, wenigstens stundenweise, stramm gepanzert in meinem Aluminiumkorsett. Ob ich zu Hause herumsitze oder in meinem Büro, dachte ich, das ist doch vollkommen wurscht.

Ich nahm eine Couch in Beschlag, die in meinem Büro stand und auf der normalerweise meistens Kunden saßen. So konnte ich wunderbar ausgestreckt auf dem Sofa liegen und Akten bearbeiten. Das war auch gut so, ich hätte mich mit Sicherheit viel kränker gefühlt, wenn ich nur zu Hause herumgesessen hätte. Auto fuhr ich nicht, so klug war ich immerhin, stattdessen bestellte ich mir jedes Mal ein Taxi. Ich war in dieser Zeit eine sehr beliebte Taxikundin! Benny war aus seiner Pension zurückgekehrt, und die Freude war groß, als er begriff, dass die fremde Umgebung kein Dauerzustand für ihn gewesen war.

Selbsterkenntnis –
der erste Schritt zur Besserung

Ich versuchte zu rekonstruieren, warum es zu diesem Sturz gekommen war, er war ja nicht von ungefähr passiert. Das war mir klar. Allmählich erinnerte ich mich daran, dass ich schon vorher mehrfach gestürzt war. Einmal war ich auf der Treppe im Haus hingefallen und hatte mir den Knöchel verknackst. Doch nie hatte ich diese kleinen Unfälle weiter beachtet, sie stets als Missliebigkeiten beiseitegewischt. Doch mit dem letzten Sturz hatte ich offensichtlich eine Warnung erhalten.

Ich arbeitete zu viel, hatte wieder einmal meine Grenzen ignoriert, mich enormem Stress ausgesetzt. Es stimmte, ich musste mir eine neue Perspektive suchen, die mich dabei unterstützte, mein inneres Gleichgewicht wiederherzustellen. Ich überlegte hin und her. Immer wieder blieb ich bei meinen Gedanken an einer Sache hängen: dem Ferienhaus in Frankreich. Es hatte mir viel bedeutet, ich hatte mich dort wohlgefühlt, war stets zur Ruhe gekommen, wenn wir dort waren. Plötzlich stand mir mein Entschluss klar vor Augen: Ich brauchte wieder ein Refugium! Ich schrieb die Kriterien auf, nach denen ich suchen wollte. Länger als einen halben Tag Fahrt wollte ich nicht in Kauf nehmen, deutschsprachig wäre sehr hilfreich (die Kommunikation mit etwaigen Handwerkern wäre dann wesentlich leichter), wobei ich die Schweiz gleich von der Liste strich, da viel zu teuer.

Von München aus kam im Grunde nur Österreich in Frage. Und das passte auch, weil mich an Österreich vieles anzieht: die Kunst, die Kultur, das Kabarett, die Liedermacher (wo sonst gibt es ein Lied über den Zentralfriedhof?) und nicht zuletzt der charmante Dialekt. Wenn der Herr Ober im Café Korb, in dem es angeblich den besten Apfelstrudel Wiens gibt, bei der Bestellung fragt: »Wollns ihn nackert oder mit Schloog?«, also ohne Sahne oder mit, dann finde ich das hinreißend. Besonders begeistert war ich, als einmal ein Architekt im österreichischen Fernsehen darüber sprach, dass seine Pläne für ein staatliches Projekt ganz plötzlich abgelehnt wurden: »Und dann habens meine Pläne einfach schubladiert.« Den Ausdruck »schubladiert« habe ich seither übernommen für alles, was zu den Akten gelegt werden soll.

Nicht zu vergessen das köstliche Essen. Wiener Schnitzel, in Butter gebraten, und als Nachtisch vielleicht noch Palatschinke, das war immer schon mein Lieblingsessen. Und so begann ich, mich im Internet nach geeigneten Objekten in Österreich umzuschauen.

»Das ist ja ein richtiges Hexenhäuschen!«, rief ich aus, als ich schließlich auf ein wunderschönes kleines Holzhaus stieß. Es war ein sogenannter Troadkastn (Getreidespeicher), 300 Jahre alt, bestens erhalten und ausgebaut. Das Foto musste gerade aufgenommen worden sein, es war Anfang März und noch ziemlich kalt, und auf den umliegenden Bäumen war Raureif zu erkennen. »Zauberhaft.« Ich war sofort begeistert, ich musste es mir unbedingt ansehen, und zwar so schnell wie möglich. Ein solches Hexenhäuschen würde nicht lange auf dem Markt sein. Zwar trug ich noch immer das Zwangskorsett, aber das durfte kein Hindernis sein. Ein neues Leben duldete keinen Aufschub.

»Renate, ich will mir dieses Häuschen anschauen«, sagte ich aufgeregt zu meiner Nichte. »Ich muss es mir ansehen!«

»Wo liegt es denn?«

»In Österreich. In der Nähe von Klagenfurt.«

»Das ist zu weit, um mit dem Auto hinzufahren, so lange darfst du noch nicht sitzen.« Besorgt schaute mich Renate an.

»Ich nehme den Liegewagen. Im Korsett im Liegewagen, das ist doch was. Alles ist möglich, man muss es nur wollen – du kennst doch meine Devise.«

»Die kenne ich.« Renate seufzte ein wenig. In diesem Fall war sie nicht so ganz mit meinem neu erwachten Elan einverstanden. »Aber du unternimmst diese Reise nicht allein, ich begleite dich.«

Zusammen fuhren wir also im Liegewagen. In horizontaler Lage genoss ich den Ausblick auf die noch winterlich anmutende Landschaft. Manche Bäume schüttelten bei Windböen ihr Weiß von sich ab; sie schienen es langsam lästig zu finden, diese Last zu tragen, es war Zeit für den Frühling. Das fand ich auch. Der Frühling steht für das Werden, für neues Leben. Das war jetzt für mich eine angemessene Sichtweise.

Nach knapp fünf Stunden Zugfahrt holte uns der Besitzer des Hexenhäuschens ab, ein Geschäftsmann, der die Hütte fast nie genutzt hatte, weil er in der Nähe zu Hause war und das Häuschen damit viel zu nah an seinem Wohnort lag.

»Fünf Stunden Zugfahrt, das ist aber ganz schön lang«, bemerkte Renate, als wir zu dem Wagen des Geschäftsmanns gingen.

»Aber mit dem Auto geht es schneller«, hielt ich dagegen. »Der Zug muss sich um die Berge herumschlängeln, auf den Straßen beträgt die Entfernung von München viel weniger. Das schafft man gut und gern in vier Stunden. Wenn ich morgens um sieben oder acht losfahre, bin ich gegen Mittag hier.«

»Wenn Sie keinen Stau haben.« Der Geschäftsmann lächelte mich an.

Der Clou des Hexenhäuschens bestand darin, dass es tatsächlich nur zehn Kilometer von der Stadt entfernt lag. Das gefiel mir sehr. Einsam gelegen, inmitten großartiger Natur, aber doch eine Stadt in der Nähe, in der es auch ein ausgezeichnetes Krankenhaus gab, einschließlich einer legendären Unfallklinik. In der Nähe eine solch großartige Klinik zu wissen fand ich beruhigend. Ich wusste nur zu gut, dass ich nicht mehr so jung war, um keine Gedanken an etwaige Notfälle verschwenden zu müssen. Das Korsett erinnerte mich jede Minute daran.

Klagenfurt selbst war sehr schön mit vielen Buchhandlungen, Cafés und eleganten Geschäften. Bei schlechtem Wetter konnte man sich also gut beschäftigen. Auch das war ein weiterer Pluspunkt, der bei meiner Entscheidung, sich dieses Objekt anzusehen, eine Rolle gespielt hatte.

»Es liegt ja so versteckt, dass es kaum jemand finden wird«, rief ich erfreut aus, als wir am Ende eines fast zugewachsenen Waldwegs vor der Hütte hielten, die auf einem kleinen Hang am Waldrand stand. Besuchern müsste ich die Zufahrt genau beschreiben, sonst konnte man sie glatt verfehlen. Es war schon seltsam, so nah an der Stadt und dann diese Abgeschiedenheit und Ruhe. Auch Spaziergänger würden nicht vorbeikommen, denn an der Hütte war der Waldweg zu Ende, es ging nicht weiter.

Ich brauchte gar nicht lange zu überlegen, mein neues Leben hatte schon begonnen.

»Liegt es nicht ein bisschen einsam?«, fragte Renate vorsichtig und zu Recht, denn sie kannte meine Ängste. »Die Nächte hier sind bestimmt ganz schön dunkel.«

Daran hatte ich auch schon gedacht. »In der Dunkelheit habe ich immer Angst«, erwiderte ich, »ganz gleich, wo.«

»Aber hier gibt es weit und breit keine Beleuchtung. Die

Dunkelheit in der Natur ist eine andere als in einer urbanen Umgebung.«

»Aber dafür hat man hier unglaubliche Sternenhimmel«, warf der Verkäufer ein, der seinen Deal gefährdet sah.

Er brauchte sich aber keine Sorgen zu machen, meine Entscheidung stand fest. Zu meiner Nichte sagte ich: »Es kommt mir vor, als wäre dieses Haus eine Mutprobe, und diese Mutprobe möchte ich bestehen. Es wird eine Herausforderung sein, das weiß ich auch, aber wenn ich sie nicht annehme, dann werde ich mich nie aus meinem Angstgefängnis befreien können. Nur weil ich Furcht habe – warum soll ich auf etwas verzichten, was ich mir wünsche, Ruhe und Stille.«

»Du könntest dafür auch das eine oder andere Wochenende in einem schönen Hotel zubringen.« Meine Nichte konterte weiter.

Renates Vorschlag war mir schon selbst durch den Kopf gegangen, aber ich hatte ihn schnell verworfen. »In einem Hotel kann ich nicht einfach für mich sein. Und zu diesem Haus gehören achthundert Quadratmeter Grundstück. Ich möchte in der Erde wühlen, Blumen pflanzen, das wird mir ein Hotelbesitzer kaum erlauben.«

Ich hatte meine Nichte überzeugt.

Mord in der Nachbarschaft?

In meiner ersten Nacht in Österreich war es draußen so dunkel, dass man nicht das Geringste sehen konnte. Nicht einmal Umrisse. Nur Finsternis. Vor mir, neben mir, über mir. Und still war es auch nicht, alles knackte, als würden sich aus jedem Winkel irgendwelche unerwünschten Besucher dem Haus nähern. Ich schlotterte trotz der angenehmen Nachttemperaturen. Inzwischen war es Spätfrühling – es hatte etwas gedauert, bis die notariellen Angelegenheiten geklärt waren, ich das Korsett ablegen durfte und einige Handwerksarbeiten verrichtet wurden.

»Benny, mach schnell.« In München machte ich jeden Abend gegen 22 Uhr noch eine kleine Runde mit meinem Hund, hier ließ ich ihn allein laufen, damit er sein Geschäft verrichten konnte. Ich stand vor der Hütte und blickte angestrengt ins Dunkel, nirgendwo konnte ich ihn ausfindig machen, hörte nur von allen Seiten ein beunruhigendes Rascheln. Dann ein Pfeifen. War das der Wind, der durch die Wipfel des Waldes hinter dem Haus strich? Ein Tier, das einen Ruf ausgestoßen hatte? Ich schlotterte stärker. Da hatte ich mir ja was eingebrockt. Aber wenn sich hier ein Unhold herumtreibt, so versuchte ich mich zu beruhigen, wird Benny schon bellen. Er ist ja ein Wachhund, du brauchst keine Angst zu haben.

Aber ich hatte Angst.

Schließlich huschte Benny an meinen zittrigen Beinen vorbei ins Hexenhaus, es war getan, was getan werden musste. Nun konnte die Nacht kommen. Für Benny hatte ich den Platz auf der Bank am Kachelofen vorgesehen. Das Häuschen bestand nur aus zwei Zimmern, einer gemütlichen Stube mit besagtem Kachelofen und einem ums Eck gehenden Schlafraum mit zwei Betten oben unter dem Dach. Aufgrund der Hanglage hatte das Haus noch ein ausgebautes Souterrain, ausgestattet mit einer Küchenzeile und einem kleinen Duschbad mit WC.

Benny rollte sich auf seiner Ofenbank ein, ich lag ausgestreckt in meinem Bett, ohne Rückenschmerzen. Alles war gut zusammengewachsen, ich hatte wirklich großes Glück gehabt, dass es so glimpflich abgelaufen war.

Nach und nach gewöhnte ich mich an die Dunkelheit und fühlte mich wohl in dem Haus. Es gab keine weiteren Zwischenfälle, doch dann, es waren einige Monate ins Land gezogen, passierte etwas.

Was war das? Mitten in der Nacht wachte ich auf. Da, wieder! Ein entsetzlicher Todesschrei. Ja, um Gottes willen, das klang ja, als würde einer ermordet! So furchtbar schrie nur jemand, der um sein Leben kämpfte! Augenblicklich lagen meine Nerven blank. Wie konnte ich der Person helfen, was konnte ich ausrichten? Eine Schaufel in die Hände nehmen? Lachhaft. Ich hatte viel zu wenig Kraft, um jemanden zu überwältigen. Doch tatenlos zuhören konnte ich auch nicht. Schnell lief ich nach unten, um nach Benny zu schauen. Wieso hatte er nicht gebellt? Benny lag entspannt auf seinem Hundekissen, er blinzelte mich nur kurz an, dann schloss er sogleich wieder die Augen, er wollte seelenruhig seine Hundeträume weiterverfolgen.

Da mein Wachhund nicht anschlug, hatte es wohl doch keinen Mord gegeben. Das musste etwas anderes gewesen sein. Doch was? Nachsehen kam nicht in Frage, da offensichtlich niemand in Gefahr war. Also stieg ich, nachdem ich alles verriegelt und verrammelt hatte, wieder die Treppe hoch, wobei ich auf jede Stufe achtete. Ich wollte schließlich nicht noch einmal stürzen und ein Korsett tragen müssen. Anfangs fand ich keinen Schlaf, ich war viel zu aufgewühlt, doch nach einer Weile konnte mich auch mein Schlottern nicht mehr wach halten.

Am nächsten Morgen schien die Sonne, alles wirkte hell und freundlich, es war, als wäre die vergangene Nacht nur ein böser Traum gewesen, ein Spuk. Benny wirbelte herum, er hatte gut geschlafen, ich fühlte mich wie gerädert.

»Hallo!«

Ich zuckte zusammen. Da hatte jemand gerufen.

»Hallo, ist hier jemand?«

Wieder. Ich hatte mich nicht verhört.

Ich öffnete entschlossen die Haustür. Es war einer meiner drei Nachbarn. Er wohnte mit seiner Familie in der Talsohle, etwa 500 Meter unterhalb meines Häuschens. Ich hatte mich bei ihnen vorgestellt, damit sie wussten, mit wem sie es in Zukunft zu tun hatten.

»Sind Sie gestern Nacht erschrocken?«, fragte der Nachbar besorgt.

»Ja«, bekräftigte ich. »Und wie! Ich konnte diese entsetzlichen Schreie nicht einordnen. Wissen Sie, was da passiert ist?«

»Das waren Hirsche. Die Brunftzeit beginnt. Die Tiere röhren so, dass man wirklich denkt, da wird ein Mensch umgebracht. Es ist furchteinflößend für alle, die dieses Brüllen noch nie gehört haben.«

Mein Nachbar hatte mir aus der Seele gesprochen. »Mein Hund hat das wohl sofort kapiert, er hat einfach weitergeschlafen.«

»Hunde haben dafür feine Antennen.« Der Nachbar nickte,

und bevor er sich verabschiedete, sagte er noch: »Wenn Sie Hilfe brauchen, melden Sie sich einfach bei uns. Das kann auch mitten in der Nacht sein.«

Ich bedankte mich. Voller Schwung machte ich mich nun an mein Tagwerk, alle Müdigkeit war vergessen. Das nächtliche Erlebnis war aufgeklärt, aber noch viel wichtiger war, dass ich Nachbarn hatte, denen es nicht gleichgültig war, wie ich mich in dem Haus fühlte. Sie hatten mit Sicherheit vom Vorbesitzer erfahren, dass ich es allein gekauft hatte, nicht zusammen mit einem Mann.

Meine Hütte –
meine Hunde

Das Häuschen wurde zu einer Zufluchtsstätte, Zuflucht auch davor, dass ich zu viel arbeitete. Die Arbeit war meine Rettung gewesen, gerade in der Zeit, in der Erwin ausgezogen war. Ich hatte mir aber zu viel aufgeladen, stets stand ich unter Druck, noch etwas machen zu müssen. Und wenn ich nicht gerade ein Buch schrieb oder eines überarbeitete, ging mir etwas anderes durch den Kopf, unentwegt machte ich mir Notizen, dieses oder jenes konnte bestimmt für die nächste Kolumne in *Brigitte* interessant sein. Ein entspanntes Leben war das nicht, aber für eine gewisse Zeit tat es gut, um nicht zu sehr mit dem konfrontiert zu werden, was wehtat. Ich hatte die Scheidung relativ gut überstanden, weil ich jeden Tag ins Büro gehen konnte, eine Struktur hatte, Aufgaben, die mich ablenkten. Aber ich wusste, dass es so nicht permanent weitergehen konnte, dass das nicht zum Dauerzustand werden durfte.

Eine romantische Wildnis

Im Hexenhäuschen bekam ich wieder einen freien Kopf. Der Garten war völlig verwildert, alles war zugewachsen, der Vorbesitzer hatte seit Jahren nichts mehr daran getan. Ich hatte den Ehrgeiz, alles wieder schön herzurichten, eine Idylle daraus zu machen. Ein Ziergarten mit geraden Linien und Formen interessierte mich nicht; ich hatte mich mit romantischen Gärten beschäftigt, mit einer liebevollen Unordnung, verträumten Winkeln und ganz vielen blühenden Sträuchern. Üppig, das war meine Vorstellung, alles sollte ineinanderwachsen, eine geordnete Wildnis mit einem Wechselspiel von Licht und Schatten. Bis dahin war es aber ein weiter Weg. Der Vorbesitzer hatte zu den vielen Fichten, die ohnehin schon auf dem Grundstück standen, auch noch Latschen gepflanzt, vermutlich, weil sie immergrün und pflegeleicht sind. Dabei begann ja hinter der Hütte ein dichter Fichtenwald.

Ich aber wollte eine blühende Hecke mit Weigelien, Flieder, Apfelbeere, Holunder, Liguster und Heckenrosen. Vögel sollten dort nisten, Bienen und Hummeln ihre Freude haben.

Die Latschen mussten also raus. Kräftemäßig hätte ich das allein nie und nimmer geschafft, aber eine meiner Nachbarinnen schickte mir zwei Landarbeiter, die sich der Sache annahmen. Als Nächstes fasste ich die Fichten ins Auge, die sich auf dem Grundstück vermehrt hatten. Auch diese Wildwüchse sollten teilweise gefällt werden, sie nahmen zu viel Licht weg. Dazu befragte und beauftragte ich eine professionelle Gärtnerei. Viele Fichten, einige schon alt und sehr hoch, durften natürlich bleiben, sie passten zu meiner Gartenvorstellung. Eine Reihe mit Büschen, eine Haselnusshecke, das alles wurde nur beschnitten – es war eine große Freude zu sehen, wie sich meine romantische Wildnis entwickelte.

Die Nachbarn hatten sich erst gewundert, wie es eine alleinstehende, nicht mehr ganz junge Frau in diese Gegend verschlagen hatte, zumal ich ihnen erzählt hatte, dass es an meinem Haus in München auch einen schönen Garten gab. War das nicht etwas verrückt? Schließlich aber akzeptierten sie, dass ich einfach nur Ruhe und Frieden haben und Abstand von beruflichen Dingen gewinnen wollte. Wenn ich nicht in der Erde wühlte, las ich oder beobachtete die Kröten. Kröten auf einem Grundstück sind ein Zeichen dafür, dass der Boden gesund und nicht überdüngt ist, biologisch im Einklang mit der unkultivierten Natur steht. Und mein Garten war von einer Menge Kröten bevölkert. Ganz besonders freute ich mich, als einmal eine Krötenmutter mit ihrem winzigen Krötenbaby auf meiner Kellertreppe saß. Sie hatte keine Angst, und ich ließ sie sitzen. Einige der Kröten waren erdbraun, andere fast schwarz. Unter sie mischten sich als auffällige grüne Farbtupfer auch Frösche. Alle hüpften weg, wenn ich ihre Ruhe störte, weil ich gerade etwas in »ihrem« Gartenbereich zu tun hatte. Im Herbst besuchten Eichhörnchen die Haselnusshecke, eifrig sammelten sie die Nüsse und vergruben sie für Notzeiten im Winter.

Wachte ich morgens auf (ich bin Frühaufsteherin), setzte ich mich auf die Treppe vor dem Haus, sah in den Wald hinein und ließ die Stimmung auf mich wirken. Das Vogelgezwitscher war um diese Zeit unglaublich intensiv und vielstimmig. Meine Nichte Renate war davon so begeistert, dass sie es mit dem Handy aufgenommen hat. Es ist jetzt die Musik in unserer Telefonwarteschleife, zum Entzücken unserer Kundinnen und Kunden.

Oft querte im angrenzenden Wald ein Reh das Gelände, ganz langsam, es ließ sich durch mich nicht irritieren. Bei meinen ausgedehnten Waldspaziergängen suchte und fand ich schöne Steine oder besondere Holzstücke, wie zum Beispiel ein größeres Stück Holz, das dem Profil eines Wildschweins glich. Oder eine Art Äskulapstab, also ein gerades Stück Wurzel, um das sich eine andere Wurzel schlang. Ich fand seltene (nicht essbare) Pilze wie den Erdstern. Und einmal entdeckte ich ein Weißes Waldvögelein, eine streng geschützte Orchideenart. Es war einfach wunderbar und meine Freude riesengroß.

Meine Ängste hatten sich weitgehend gelegt. Immer noch fürchtete ich mich allerdings vor Gewittern, die in dieser Gegend ganz schön heftig sein können. Es gab Blitze, die alles taghell erleuchteten, und Donnerschläge, von denen die Hütte erzitterte. Sehr häufig fiel bei Gewittern der Strom aus. Deshalb und aus Angst vor Blitzschlag zog ich mich bei schweren nächtlichen Gewittern an, nahm meine Handtasche, den Autoschlüssel, den Hund und eine Taschenlampe und setzte mich neben die Eingangstür, damit ich ganz schnell draußen sein konnte, wenn etwas passierte. Rational wusste ich, dass der Blitz vermutlich nicht einschlagen würde, weil die umstehenden Bäume viel höher sind als das Häuschen. Aber ich hatte einfach Angst, und die bekam ich durch diese Maßnahmen am ehesten in den Griff.

Trauer um Benny, Freude mit Milli

Benny wurde sechzehneinhalb Jahre alt. Ich hatte gemerkt, dass es mit ihm zu Ende ging, er schien keine großen Schmerzen zu haben, aber er hatte keine Kraft mehr, fiel oft in Ohnmacht, fraß wenig. An einem Tag war es besonders schlimm. Benny lag fast regungslos in seinem Korb und schaute mich ganz ruhig an. Ich brachte ihn zu meiner Tierärztin, die auch eine erfahrene Homöopathin ist.

»Ich glaube, dass Benny schon woanders ist«, sagte ich und überreichte ihr meinen Hund. Ich weinte, denn ich wusste, was das für ihn, was das für mich bedeutete. Wir mussten voneinander Abschied nehmen.

Die Ärztin untersuchte Benny, sagte dann aber auch: »Ja, es ist so weit, es ist richtig, ihn gehen zu lassen.«

Wieder flossen Tränen. Ich musste an Bodo denken, wie ich unseren Boxer mit diesem Narkotikum aus der Apotheke selbst hatte einschläfern müssen – da weinte ich noch mehr.

»Wir werden es Benny ganz schön machen«, beruhigte mich die Ärztin. Sie trug ihn in einen Nebenraum und bettete ihn auf eine weiche rote Decke. Um ihn herum legte sie ein paar Blumen aus Plastik.

»Es ist Winter«, sagte sie fast entschuldigend, »deshalb die künstlichen Blumen, sonst hätte ich welche aus meinem Garten gepflückt.« Danach stellte sie klassische Musik an und öffnete das Fenster: »Damit seine Seele rausfliegen kann.«

Ich streichelte Benny, als sie ihm die erste Spritze gab, die Beruhigungsspritze. Gebraucht hätte er sie nicht, er war vollkommen ruhig. Schließlich sagte die Tierärztin: »Jetzt müssen Sie sich hinter Benny stellen, denn wenn er Sie sieht, kann er nicht gehen.« So streichelte ich ihn von hinten, während sie ihm die zweite Spritze gab, die Spritze, die ihn in den Hundehimmel brachte.

»Benny ist jetzt gegangen.«

Ihre Worte waren schlicht und einfühlsam, es war rührend und schön.

Still und friedlich war alles abgelaufen, ganz anders als bei Bodo. Bennys würdevoller Tod hatte das frühere schlimme Erlebnis geheilt.

Statt Benny ist nun Milli an meiner Seite, mein zweiter Hund. Mein Nachbar in Österreich hatte die Kleine seiner fünfundachtzigjährigen gehbehinderten Mutter geschenkt, die aber mit dem lebhaften Hundekind völlig überfordert war. Als er resigniert sagte: »Ich werde den Hund dann wohl ins Tierheim geben müssen«, war es um mich geschehen. Ich nahm sie zu mir und taufte sie »Milli«. Milli ist eine Mischung aus Pudel und Spaniel, ein rabenschwarzes Hundemädchen mit einem wuscheligen Schopf, entzückend anzuschauen, ungefähr so groß wie Benny und ebenfalls sehr eigenwillig.

Eigenwillige Hunde sind natürlich eine Herausforderung. Aber mich reizen sogenannte »Rentnerhunde« nicht, die brav neben ihren Besitzern herlaufen und immer aufs Wort folgen. So wie dem jungen Benny immer etwas einfiel, um mich auf Trab zu halten, so ist es nun auch mit Milli.

Als ich sie zum ersten Mal mit auf die Hütte nahm, unternahmen wir gleich nach der Ankunft einen Spaziergang in den Wald; nach mehreren Stunden im Auto brauchten wir dringend Bewegung.

Die Nachbarn hatten mir schon erzählt, dass es gerade Pfifferlinge gab, Eierschwammerl, wie sie in Österreich heißen. Wir gingen also Pilze sammeln und fanden auch ein Körbchen voll, fürs Abendessen sollte es reichen. Ich briet die Schwammerl mit Zwiebel und etwas Kärntner Speck, zum Schluss kamen zwei Eier und Petersilie drüber. Mir lief schon das Wasser im Mund zusammen. Ich stellte den Teller mit dem fertigen Essen auf den Tisch und ging kurz noch mal raus, um etwas zum Trinken zu holen. Als ich die Stube wieder betrat, saß Milli auf meinem Platz auf der Eckbank und leckte sich das Mäulchen. Der Teller war leer und blitzblank. Sie strahlte mich an, als wollte sie sagen: »Das war gut, danke! Das kannst du mir ruhig öfter servieren!« Ich musste zwar aus pädagogischen Gründen schimpfen, fand es aber eigentlich sehr lustig.

Im Übrigen konnte ich ihr das Stibitzen von Essen bis heute nicht abgewöhnen. Erst neulich hatte ich – ganz in Gedanken – auf dem Couchtisch ein Stück Kuchen abgestellt und noch kurz was aus der Küche geholt. Als ich zurückkam, war nur noch das halbe Stück Kuchen da, und Milli hatte einen weißen Sahnerand um ihr Maul.

Benny war ein Raufbold, besonders gern legte er sich mit viel größeren Hunden an und trug auch einige Blessuren davon. Er galt im Umkreis als etwas größenwahnsinnig. Milli dagegen schwört auf Deeskalation. Sie ist nicht ängstlich, sondern ziemlich selbstbewusst, aber sobald sie einen auf Krawall gebürsteten Hund sieht, zieht sie mich auf die andere Straßenseite.

Und sie ist nicht nur pfiffig und witzig, sondern auch sehr lieb und im wahrsten Sinn des Wortes ein Schoßhund, weil sie sehr gern auf dem Schoß sitzt. Sie bettelt regelrecht darum. Wenn wir morgens das Büro betreten, besucht sie jede Mitarbeiterin und will unbedingt bei jeder kurz auf den Schoß. Vorher macht sie aber gern einen kleinen Umweg an den jeweiligen Handtaschen vorbei, die auf dem Boden stehen. Es könnte ja was gutes Essbares drin sein.

Abschied vom Hexenhäuschen

Das Grundstück ist jetzt bepflanzt, aber es gibt immer etwas zu tun: schneiden, Unkraut jäten, im März düngen, selbstverständlich mit Biodünger, damit die Kröten nur ja nicht weiterwandern. Mir machte all das lange Zeit großen Spaß, das Hexenhäuschen bedeutete für mich reine Erholung. Der Unfall war ein großes Warnzeichen gewesen, durch ihn lernte ich, auf mich zu achten. Lange Zeit war ich über meine Grenzen gegangen, weil ich sie nicht erkannt hatte. Nicht selten arbeitete ich vierzehn Stunden am Tag, und das über einen längeren Zeitraum, ohne meine Bedürfnisse wahrzunehmen.

Beim Pflanzen und Umgraben hatte ich endlich kapiert, dass ich meine Gesundheit, letztlich sogar mein Leben riskiert hätte, wenn ich die Warnung ignoriert hätte. Mir läuft immer noch ein Schauer über den Rücken, wenn ich daran denke, wie schlimm dieser Sturz hätte ausgehen können.

Nach langem Überlegen habe ich mich 2018 entschlossen, die Hütte zu verkaufen. Es fällt mir schwer, aber die Fahrt wird für mich zunehmend anstrengender und belastender. Auch die Pflege des großen Grundstücks – vor einigen Jahren noch kein Problem – wird allmählich zur Last. Aber ein solch kleines Juwel gibt man natürlich nur in gute Hände, zu Menschen, die das, was das kleine Haus und seine Umgebung bieten, zu schätzen wissen.

Unsere Firma expandiert

Im Nachhinein kann ich kaum fassen, wie ich das alles geschafft habe: Neben meinen Beratungen, tagsüber oft eine
nach der anderen, und neben meinen Artikeln für *Brigitte*
schrieb ich auch noch weitere Bücher: 1999 *Wie frau sich bet-
tet*, 2008 – inzwischen bei Random House – *Wenn ich einmal
reich wär*.

Wenn so ein Buch entstand, hatte ich kaum ein freies
Wochenende. Das ging natürlich an die Substanz. Trotzdem
machte es mir Freude, meine Kenntnisse und Ansichten aufs
Papier zu bringen – und Anerkennung dafür zu ernten. Meine
Bekanntheit wuchs.

Finanzberatung für Frauen,
damals und heute

Meine Arbeit als Finanzberaterin hat sich in den mehr als
dreißig Jahren seit meiner Firmengründung fundamental verändert.

Von Anfang an war meine Strategie anders als damals üblich, das heißt: Ich wollte niemals fremde Leute anrufen und

zu einem Beratungstermin drängen. Ich wollte vielmehr potenzielle Kundinnen durch Vorträge darauf aufmerksam machen, wie wichtig es für Frauen ist, eigenes Geld zu haben und fürs Alter vorzusorgen. Die Frauen sollten dann von sich aus auf uns zukommen und einen Termin vereinbaren.

So praktizierten wir es damals, und so läuft es noch heute. Kommt ein Termin zustande, erhält die potenzielle Kundin per Post eine schriftliche Terminbestätigung und einen Fragebogen, den sie ausgefüllt zum Termin mitbringen muss. Im Beratungsgespräch wird vorrangig die persönliche Situation erfragt, die Ziele und Wünsche der jeweiligen Frau und wie gut sie sich mit Geldanlagen auskennt. Anschließend an dieses Gespräch erhält sie schriftlich einen Anlagevorschlag, in dem begründet wird, warum uns diese Strategie für sie geeignet erscheint.

Danach muss die Kundin wieder von sich aus auf uns zukommen, zu einem zweiten Gespräch, in dem alle Fragen besprochen werden können und dann geklärt werden soll, ob sie den Wunsch hat, eine der vorgeschlagenen Geldanlagen über uns abzuschließen. Eine sogenannte »Wohnzimmerberatung«, wie es früher durchaus üblich war, haben wir nie angeboten, das heißt, alle Kunden mussten und müssen zur Beratung zu uns ins Büro kommen.

Bei uns galt von Anfang an, dass das Datum der Beratung *nicht* dem Datum der Unterschrift unter den Antrag zum Abschluss einer Geldanlage entspricht. Ich erwähne das, weil es bis heute ziemlich ungewöhnlich ist. Das geht so weit, dass es mit der hochmodernen Software, die wir nutzen, Probleme gibt, weil diese einfach nicht verstehen will, dass zwischen Beratung und Entscheidung, also Unterschrift, der Kundin einige Zeit vergeht.

Von Anfang an, und damit lange bevor es Vorschrift wurde, haben wir alle Gespräche und Telefonate mit Kunden in Form von Aktennotizen dokumentiert. Das menschliche Gedächtnis ist kurz – wie sollte sich jemand noch nach Jahren daran erinnern, was einst besprochen und vereinbart worden war?

In Fachkreisen, denen damals überwiegend Männer angehörten, hielt man das alles für ausgesprochenen Schwachsinn und sagte mir das auch, ja machte sich lustig darüber. Es wurde mir einhellig prophezeit, dass so ein Geschäftsmodell niemals Erfolg haben könne. Man müsse einen gewissen Druck ausüben, weil man sonst nie zu einem Abschluss käme.

Einmal kam ein Finanzberater aus Frankfurt zu mir. Er hatte von meiner Geschäftsidee gehört und wollte mich kennenlernen. Er fragte, wie ich denn bloß auf die absurde Idee gekommen sei, Frauen zu beraten. Die hätten doch keine Ahnung, wollten aber alles wissen und machten dann doch nichts.

Aber der Erfolg gab mir recht. Heute sitzen wir, zwei Geschäftsführerinnen mit neun Angestellten, in einem großen, schönen Büro in der Münchner Innenstadt und haben mehrere Tausend Kundinnen und Kunden, von denen manche schon in der dritten Generation bei uns sind. Wir gelten als eines der angesehensten Finanzdienstleistungsunternehmen in Deutschland, viele Unternehmen der damaligen »männlichen Unker« dagegen gibt es nicht mehr.

Ein »Fall« ist mir nachdrücklich im Gedächtnis geblieben, weil er deutlich die Art unserer Arbeit zeigt. Eines Tages kam eine ältere Frau zu mir. Sie hatte geerbt und fühlte sich völlig überfordert bei der Anlage des Geldes, hatte Angst, etwas falsch zu machen. Aus fünf Beratungsgesprächen bei Banken und freien Beratern hatte sie einen ganzen Packen an Produktunterlagen dabei. Diese übergab sie mir, ich sollte ihr sagen, was ich davon halte, und ihr eine Empfehlung geben. Zu ihrer Verwunderung legte ich die Prospekte erst einmal zur Seite und fragte sie, was sie denn gern hätte, was sie sich denn von dem Geld wünsche, denn das sei doch das Wesentliche. Und da fing die Frau an zu weinen und sagte: »Das hat mich bisher noch nie jemand gefragt.« Ich war schockiert. Das konnte es doch nicht geben, dass das Naheliegendste, nämlich was jemand von seinem Geld haben möchte, gar nicht gefragt wird.

Hatten wir anfänglich Mühe, Geschäftspartner zu gewinnen, empfinden es Versicherungsunternehmen und Fondsanbieter heute geradezu als »Ehre«, so hören wir es immer wieder, mit uns zusammenarbeiten zu können. Ein Grund dafür ist unter anderem, dass wir sehr wenig Storno haben, das heißt, nur ganz selten macht jemand seinen Vertrag wieder rückgängig – weil wir im Vorfeld gut aufklären, nichts schönreden und alle Fragen vor Vertragsabschluss beantworten.

Begonnen habe ich 1987 als Ein-Frau-Unternehmen. Eine fest angestellte Mitarbeiterin konnte ich mir anfänglich natürlich nicht leisten. Die Briefe an Kundinnen diktierte ich zu der Zeit auf Tonband. Eine junge Frau aus der Nachbarschaft, die etwas Geld gut gebrauchen konnte (sie hatte sechs Kinder), holte die Kassetten bei mir ab, tippte sie und brachte die fertigen Briefe zur Unterschrift zurück.

Anfänglich hatte ich ein, zwei Beratungsgespräche pro Woche. Durch einige Medienberichte und Vorträge wurden es mit der Zeit mehr, und ich konnte eine Mitarbeiterin fest anstellen. Eine der damaligen Bewerberinnen war geschieden und hatte drei kleine Kinder, vier, fünf und sechs Jahre alt. Wegen der Kinder hatte sie bisher mit ihren Bewerbungen keinen Erfolg gehabt und rechnete wohl auch bei mir schon mit einer Absage. Aber ich stellte sie ein und habe es nicht bereut. Sie ist schon fast fünfundzwanzig Jahre bei uns und hat inzwischen zwei Fachausbildungen absolviert. Mittlerweile arbeitet sie als Kundenberaterin und ist eine der tragenden Säulen des Unternehmens. Ihre drei Kinder haben alle eine solide Ausbildung absolviert und sind im Beruf erfolgreich.

In unserer Personalpolitik waren wir von Anfang an frauenfreundlich. Wir ermöglichten es mehreren Studentinnen, mit einem Minijob über die Runden zu kommen. Wir stellten Frauen mit kleinen Kindern ein, durchlebten mit ihnen sämtliche Kinderkrankheiten. Wir nahmen aber auch ältere Frauen, die wegen ihres Alters Probleme hatten einen Job zu finden.

Als im Laufe der Jahre die Nachfragen nach Versicherungen stark zunahmen, stellte ich eine Versicherungsfachwirtin ein. Auch sie ist mittlerweile achtzehn Jahre bei uns. Im Übrigen haben alle unsere Mitarbeiterinnen, außer denen, die das Sekretariat führen, eine einschlägige fachliche Ausbildung.

Früher verwendete ich einen großen Teil der Arbeitszeit darauf, über Geldanlage- und Versicherungsprodukte zu recherchieren, diese zu vergleichen und, zusammen mit Experten, zu prüfen, ob sie für uns und unsere Kundinnen geeignet waren. Die Informationsbeschaffung war damals schwierig, einfach im Internet recherchieren noch nicht möglich.

Früher begann mein Tag mit der Lektüre mehrerer Zeitungen. Heute arbeiten wir mit acht bis zehn Branchennachrichtendiensten pro Tag, die Informationen der wichtigsten Wirtschaftszeitungen auswerten und zur Verfügung stellen. Wir haben heute auch nicht mehr Geschäftsanbindungen zu einzelnen Anbietern, sondern arbeiten mit Pools, die solche Geschäftskontakte zur Verfügung stellen. Auch die Technik war völlig anders – von Schreibmaschinen stellten wir allmählich auf Computer um, und heute ist unser gesamtes Büro vernetzt.

Jede von uns hat Zugriff auf alle Daten. Das erleichtert die Arbeit enorm. Ohne die moderne Technik wäre die Menge an Informationsverarbeitung, die heute verlangt wird, nicht machbar.

Sehr verändert haben sich auch die rechtlichen Anforderungen. Ein Beispiel: In den Anfangsjahren umfasste ein Antrag auf Abschluss einer Lebensversicherung eine Seite. Heute hat ein Versicherungsantrag, je nach Gesellschaft, acht bis fünfzehn Seiten, und dazu kommen noch die umfangreichen ausführlichen Unterlagen wie Versicherungsbedingungen, Produktinformationen und Basisinformationen. Das sind, wiederum je nach Gesellschaft, insgesamt fünfzig bis hundert! Wegen dieses enormen Umfangs erhalten unsere Kundinnen und Kunden die Informationen auf einer CD.

EU-Richtlinien wie Basel II, MIFID I und II, Datenschutzrichtlinien und Regularien im Versicherungsbereich nehmen viel Zeit in Anspruch. Eine Vermögensschadenhaftpflicht, die heute Pflicht ist, haben wir freiwillig schon vor fünfundzwanzig Jahren abgeschlossen.

Aus drei Beratungen pro Woche wurden im Laufe der Jahre immer mehr. In Hoch-Zeiten hatte ich bis zu fünfzehn Beratungstermine in der Woche, das heißt fünfzehn Gespräche von mindestens einer Stunde Dauer. Anschließend mussten eine Aktennotiz über das Gespräch und ein Beratungsprotokoll erstellt werden. Danach wurde ein schriftliches Angebot für die Kundin ausgearbeitet, das auf den in dem Gespräch gewonnenen individuellen Informationen basierte. Dazwischen mussten x Telefonate erledigt, mit Geschäftspartnern verhandelt werden. In den Anfangsjahren waren viele Briefe zu beantworten, heute sind es E-Mails. Damals durften Erstberatungen noch telefonisch erfolgen, das ist heute rechtlich nicht mehr möglich.

Mit meiner Arbeit für *Brigitte* nahmen die Leserinnenanfragen (mittlerweile per E-Mail) enorm zu. Aus ihnen ziehe ich oft meine Anregungen für die »Geldthemen«. Ich finde es unglaublich, welche familiären Situationen da manchmal beschrieben werden.

Zum Beispiel die einer Frau, die vor zwanzig Jahren einen sehr reichen Mann geheiratet hatte. Er hatte ihr einen knallharten Ehevertrag aufgezwungen, in dem sie auf fast alles verzichtete, in der Hoffnung, ihn im Laufe der Jahre umstimmen zu können, was ihr aber nicht gelang. Sie führte seinen Haushalt, erzog die Kinder, unterstützte ihn bei seinen beruflichen Verpflichtungen und arbeitete weiter halbtags in einem Büro. Ihr Mann stellte sich als Geizhals heraus, bemaß das Haushaltsgeld äußerst knapp. Als sie später Rente bezog, gerade mal 700 Euro, strich er ihr das bisherige »Taschengeld« von 200 Euro und forderte, dass sie die Hälfte ihrer Rente für den gemeinsamen Haushalt einsetzen sollte. Sie wollte von mir wissen, ob er das alles wirklich darf.

Ich war entsetzt, dass sich jemand überhaupt auf so etwas einließ und es nicht fertigbrachte, diesen geizigen und offenbar auch kaltherzigen Mann zu verlassen. Aber unsere Juristin, die ich zurate zog, konnte der Frau immerhin sagen, dass ihr Mann für den gemeinsamen Lebensunterhalt aufkommen muss und dass sie selbstverständlich ihre kleine Rente als Taschengeld behalten darf. Sie riet ihr dringend, dafür unbedingt ein eigenes Konto einzurichten, auf das der Mann keinen Zugriff hat. Und sie empfahl ihr ebenso dringend, alle Unterlagen zu seinem Vermögen, an die sie irgendwie herankommen konnte, zu kopieren, für den Fall, dass es doch noch eine Trennung geben würde und sie ihn auf Unterhalt verklagen müsste. Ihre Rente würde nicht zum Leben reichen.

Solche Fragen gehen mir nahe. Leider sind sie nicht selten. Aber natürlich macht das meine Arbeit auch so interessant.

Auftritt mit Hindernis

Die Medien waren immer schon an der Thematik »Frauen und Geld« interessiert. Nach Erscheinen des Buches *Ein Mann ist keine Altersvorsorge* wurde das Interesse noch größer. Ich werde nicht nur zu Vorträgen, sondern häufig auch zu Interviews in Rundfunk- und Fernsehsendungen eingeladen. Was mich natürlich freut, denn so erreiche ich sehr viele Frauen.

Bei einem meiner ersten Auftritte im Bayerischen Fernsehen erlebte ich etwas, das ich bis heute nicht vergessen habe. Die Moderatorin und ich standen fünf Minuten vor der Sendung bereit und unterhielten uns an einem Stehpult. Auf einmal machte es »klack, klack« und einer meiner beiden Vorderzähne bzw. dessen Krone fiel auf den Boden. Ich war starr vor Schreck, denn es war nun an dieser prominenten Stelle nur der Stiftzahn zu sehen. Schrecklich! Die Moderatorin fasste sich und rannte mit mir auf die Toilette. Dort lag eine Tube Zahnpasta. Sie füllte blitzschnell die Krone mit der Zahnpasta und drückte sie mir mit aller Kraft auf den Stiftzahn. Die Krone hielt. Ich war dann natürlich in der Sendung etwas gehandicapt, weil ich dauernd Angst hatte, dass die Krone sich wieder löste, aber es lief trotzdem ganz gut. Später sagte mir mein Zahnarzt, dass dies ein sehr probates Mittel ist, um solche Situationen zu retten. Diesen praxiserprobten Tipp gebe ich also hiermit gern weiter.

Büro mit »Erschwerniszulage«

Parallel zur zunehmenden Bekanntheit und zum sichtbaren Erfolg unseres Unternehmens veränderte sich auch unsere Arbeitsumgebung. Das erste Büro war ein kleiner Laden in einem denkmalgeschützten Haus aus dem 17. Jahrhundert in München-Schwabing. Es bestand nur aus zwei kleinen Zimmern und war nicht besonders komfortabel, aber originell.

Als dieses Büro aus allen Nähten platzte, konnten wir in ein gerade frei gewordenes Büro auf dem gleichen Anwesen ziehen. Die Lage im Innenhof war sehr schön. Der Hof war durch ein Eingangstor verschlossen. Als es einmal versehentlich offen stand, entwischte mein Hund Benny. Alles Rufen half nichts, er war verschwunden. Ich war in Panik! Wir starteten sofort eine Suchaktion im nahen Englischen Garten, fuhren mit Fahrrädern die umliegenden Straßen ab. Kein Benny weit und breit. Bis eine ältere Frau auf uns zulief und rief, sie wüsste, wo Benny sei – im Nachbarhaus! Dort war die Auffangstation für Reptilien der tiermedizinischen Fakultät der Ludwig-Maximilian-Universität untergebracht. Benny beteiligte sich gerade mit Begeisterung an einer offiziellen Führung und war ziemlich unwillig, als ich ihn von der höchst interessanten Location und ihren exotischen Bewohnern weglotste.

Dreieinhalb Zimmer hatte das neue Büro, aber auch die waren nach wenigen Jahren zu klein. Aber nicht nur das: Es hatte sich auch herausgestellt, dass die Räume feucht waren, das Papier wellte sich, ich bekam rheumatische Beschwerden.

Als wir hörten, dass in der gleichen Straße, ein paar Häuser weiter, in einem sehr schönen Altbau ein großes Büro zu einem anständigen Preis frei wurde, griffen wir sofort zu. Das Büro war ein Traum – Stuckdecken, Flügeltüren, großzügige Räume. Es war großartig, hatte aber ein Häkchen, das sich schon recht bald zu einem massiven Haken auswuchs: Die Besitzerin des Hauses, eine sehr reiche, sehr exaltierte Erbin, wohnte im gleichen Haus. Und bald ahnten wir, dass der günstige Mietpreis eine Art »Erschwerniszulage« sein musste. Die Besitzerin war schwierig, hatte nichts zu tun und fing an, uns zu tyrannisieren, indem sie eine unsinnige Forderung nach der anderen aufstellte. Ein Beispiel: Unsere Kundinnen konnten in unser Büro nur über den Innenhof gelangen. Das aber passte ihr nicht. Alle Besucherinnen sollten, wenn es denn schon sein musste, »den Hof zügig überqueren, nicht stehen bleiben und schon gar nicht im Hof telefonieren«. Wir hätten zu viele Kundinnen, klagte sie, die würden Unruhe ins Haus bringen. Die meiste Zeit hing sie am Fenster und beobachtete uns, um uns dann wieder mit Klagen zu traktieren.

Immerhin fünf Jahre hielten wir es aus – bis ich nicht mehr konnte. Denn die Besitzerin wandte sich meist an mich, fing mich oft schon in der Früh an der Haustür ab, um wieder ihre Tiraden loszulassen. Irgendwann ertrug ich es nicht mehr, wir suchten und fanden ein neues Altbaubüro am Mariannenplatz im Stadtteil Lehel, verkehrsgünstig gelegen, und, ganz wichtig, der Vermieter war eine Behörde.

Es war wunderbar, wir atmeten auf. Fünf Jahre konnten wir

bleiben. Aber dann wurde leider unser Mietvertrag nicht verlängert. Es wurde offenkundig, dass vor Jahrzehnten in dem ganzen Häuserblock Wohnungen zu Büros umfunktioniert worden waren. Und diese zweckentfremdeten Räume sollten nun – angesichts des extrem schwierigen Wohnungsmarktes in München – wieder zu Wohnungen werden.

Das Glück war uns aber hold, wie es so schön heißt. Wir fanden im April 2015 auf Vermittlung eines Nachbarn ein Traumbüro im gleichen Stadtteil, noch größer und schöner. Auch hier war der Preis erschwinglich, weil das Büro im zweiten Stock liegt und es keinen Lift gibt. Wir fühlen uns außerordentlich wohl und hoffen sehr, dass wir hier lange bleiben können.

Ein Team – zwei Chefinnen

Irgendwann wurde mir klar, dass es an der Zeit war, einen Teil meiner Verantwortung abzugeben. Bislang hatte ich das Unternehmen allein geführt. Ich konnte mir aber vorstellen, meine Nichte Renate, die schon seit längerer Zeit bei »frau & geld« tätig war, mit in die Geschäftsführung zu nehmen und ihr Anteile am Unternehmen zu verkaufen. Damit das möglich wurde, musste ich meine bisherige Einzelfirma in eine GmbH & Co. KG umwandeln. Das passierte 2008, als ich siebenundsechzig wurde. Wir sind jetzt zu zehnt – zwei Geschäftsführerinnen und acht Mitarbeiterinnen. Viele von ihnen sind schon lange dabei, sodass wir als gut eingespieltes Team arbeiten. Und – nicht ganz unwichtig – alle mögen Hunde. Habe ich einen Termin, weiß ich genau, dass Milli in guten Händen ist.

Renate hat Betriebswirtschaft und Amerikanistik studiert, wusste aber während ihres Studiums noch nicht, welchen Weg sie beruflich gehen sollte. Als wir darüber sprachen, sagte ich zu ihr: »Bis du das genau weißt, kannst du ja bei mir im Büro arbeiten. Wer weiß, vielleicht gefällt es dir ja bei uns.« Meine Nichte nahm das Angebot an und fand bei uns genau das, wonach sie gesucht hatte. Da sie aus einem Geschäftshaushalt kommt, kennt sie es, dass es keine regelmäßigen Einnahmen gibt, dass es zwischendurch auch mal Durststrecken geben kann und dass man diese dann durchhalten muss.

Als sie dann ihre Magisterarbeit über ethisches Investment in den USA schrieb, war mir klar, dass sie endgültig überzeugt war.

Renate an meinem Unternehmen zu beteiligen und die Geschäftsführung mit ihr zu teilen war eine sehr gute Entscheidung. Renate arbeitete sich rasch in die Finanzmaterie ein. Bodenständig, praktisch und ohne irgendwelche Flausen im Kopf nahm sie sich der Problematik an. Ich konnte mich auf sie verlassen. Das war für mich enorm wichtig, denn so konnte ich loslassen und mich allmählich auf das konzentrieren, was mein Lebensthema geworden war: In Vorträgen, Interviews und Artikeln den Frauen nahezubringen, dass sie selbst für ihr Leben verantwortlich sind, dass sie sich nicht an jemanden hängen dürfen, der für sie sorgen soll. Ich gebe zu: Das hat leicht missionarische Züge angenommen, aber noch immer sehe ich zu viele Frauen, die sich nicht mit der finanziellen Seite ihres Daseins auseinandersetzen wollen, für die finanzielle Unabhängigkeit keinen Wert hat.

2010 schrieben Renate und ich zusammen das Buch *Schöne Aussichten*, einen Finanzratgeber zur Altersvorsorge, 2014 dann *Reich in Rente* und – zusammen mit den FinanzFach-Frauen – *Reich für Einsteigerinnen*, das sich speziell an junge Leute richtet.

Auch diese Bücher entstanden neben meiner täglichen Arbeit und brachten mich enorm unter Druck. Deshalb schwor ich mir hoch und heilig, mich nie mehr in eine solche Stresssituation zu begeben, also nie mehr in meinem Leben ein Buch zu schreiben. Aber wie es schon bei James Bond heißt: »Sag niemals nie!«

Lieber jetzt unromantisch als später arm

2012 wurde ich zu einer Podiumsdiskussion der Friedrich-Ebert-Stiftung in Nürnberg eingeladen. Es sollte der erste Gleichstellungsbericht der Bundesregierung »Neue Wege – Gleiche Chancen« und dessen Anforderungen an Politik, Gesellschaft und Wirtschaft diskutiert werden. Erarbeitet worden war der Bericht von einer Sachverständigenkommission im Auftrag der Bundesregierung, um den politischen Handlungsbedarf in unterschiedlichen Lebensphasen von Frauen und Männern aufzuzeigen. Es sollte unter anderem untersucht werden, wie sich Entscheidungen, die in einer bestimmten Lebensphase getroffen werden, auf andere Lebensphasen auswirken. Es ging zum Beispiel darum, dass Paare Lebensentscheidungen gemeinsam treffen – oft für ein Kind und den

Ausstieg aus dem Beruf –, aber dass die negativen Folgen dieser Entscheidungen meist die Frauen zu tragen haben, während die Chancen bei den Männern liegen.

Teilnehmerinnen der Podiumsdiskussion waren Manuela Schwesig, damals Ministerin für Arbeit, Gleichstellung und Soziales in Mecklenburg-Vorpommern, Renate Schmidt, Bundesfamilienministerin a. D., Natascha Kohnen, damals Generalsekretärin der SPD Bayern, Prof. Dr. Uta Meier-Gräwe, Mitglied der Sachverständigenkommission und Professorin für Wirtschaftslehre des Privathaushalts und Familienwissenschaft an der Justus-Liebig-Universität Gießen, Bettina Messinger von der Gewerkschaft ver.di, Ida Hiller, Frauenbeauftragte der Stadt Nürnberg, Dr. Martina Herpers von Erfolgsfaktor Frau e. V. und ich.

Die Diskussion war sehr interessant. Alle Teilnehmerinnen waren sich einig, dass der Gleichstellungsbericht revolutionär und wegweisend war, mit konkreten Handlungsanweisungen für Politik und Wirtschaft. Auch Renate Schmidt war begeistert, fügte aber in ihrem abschließenden Statement noch hinzu:

»Ja, und dann müssen allerdings noch die Frauen mitmachen, wenn sich wirklich etwas ändern soll.«

Das gefiel mir sehr, auch der leise Zweifel, der da mitklang. Denn damit hatte sie den Nagel auf den Kopf getroffen. Auch ich hatte ja über Jahrzehnte erlebt, dass Frauen über ihre Benachteiligung gern jammern, aber nicht unbedingt etwas dagegen unternehmen wollen.

Ich wiederum hatte in der Diskussion einen meiner Lieblingssätze gesagt: »Frauen, seid lieber jetzt unromantisch als später arm.« Dazu äußerte Renate Schmidt spontan: »Aus dem Satz müsste man ein Buch machen.« Und so kamen wir nach der Diskussion ins Gespräch. Aus dem Gespräch entstand dann die Überlegung, wie es denn wäre, wenn wir gemeinsam so ein Buch verfassen würden, sie mit ihrer enormen politischen Erfahrung und ich mit meinem umfassenden Wissen aus Tausenden Beratungen und aus vielen Zuschriften über *Brigitte* und *Brigitte Woman*.

Und wir schafften es tatsächlich, wenn auch mit Verzögerung, weil wir beide unsere Verpflichtungen hatten. Wir trafen uns regelmäßig, tauschten uns aus, waren uns überwiegend einig. Es war eine richtig gute, vertrauensvolle Zusammenarbeit. Und so entstand das Buch mit dem Titel *Ein Mann ist keine Altersvorsorge – warum finanzielle Unabhängigkeit für Frauen so wichtig ist*, ein Buch, das Frauen aufrütteln sollte.

Im März 2015 kam es auf den Markt. Und dann ging es los: Sehr viele Frauenorganisationen, Verbände, Institutionen luden uns zu gemeinsamen Lesungen ein. Aus Termingründen lasen wir aber oft auch getrennt. Das Interesse an Lesungen oder Vorträgen von Organisationen, die mit Frauen zu tun haben, von Gleichstellungsbeauftragten, Universitäten und Hochschulen ist bis heute geblieben. Vom Sommer 2015 bis Sommer 2018 habe ich über achtzig Vorträge und Lesungen absolviert. Im Januar 2018 wurde ich sogar von den Gleichstellungsfrauen des Bundesgerichtshofs und des Bundesverfassungsgerichts zu einem Vortrag eingeladen. Der Generalbundesanwalt hielt die kurze Einführung zum Thema. Und ich fühlte mich sehr geehrt.

Frauen und Geld

In all den Jahren ist mir natürlich aufgefallen, dass es im Umgang mit Geld große Unterschiede zwischen Frauen und Männern gibt. Das kurzfristige Denken bei der Geldanlage, die Risikoscheu speziell bei der Anlage von Geld, die stete Bereitschaft, dem Mann die Verantwortung für Geld und Absicherung zuzuschieben, sich auf ihn zu verlassen – das alles ist kein genetischer Defekt, und Frauen sind bekanntlich auch nicht dümmer als Männer. Das musste also anerzogen, gesellschaftlich bedingt sein. Da muss mehr dahinterstecken, dachte ich, und da ich politisch immer sehr interessiert war, fing ich an, nachzuforschen und zu lesen. Und je mehr ich las, desto wütender wurde ich. Das konnte es doch nicht geben, dass – und auf welche Weise – Frauen, die Hälfte der Menschheit, über Jahrhunderte, ja Jahrtausende hinweg von Geld und Besitz ferngehalten worden waren!

Ich hatte das Bedürfnis, meine Nachforschung mit einer breiteren Öffentlichkeit zu teilen, zum Beispiel in einem Vortrag, den ich anlässlich unseres dreißigjährigen Firmenjubiläums im März 2017 hielt. Der Vortrag war ein sehr großer Erfolg. Die zweihundert Zuhörerinnen konnten kaum glauben, wie gesellschaftliche Mächte jahrhundertelang alles darangesetzt haben, Frauen ihre finanzielle Unabhängigkeit zu verwehren – und wie wirksam dies bis heute nachklingt.

Ziel des Vortrages war unter anderem, das hartnäckige Vorurteil zu entkräften, Frauen könnten nicht mit Geld umgehen. Aus eigener Erfahrung und aus zahlreichen Anschauungen weiß ich natürlich, dass das völliger Unsinn ist, aber dieses Vorurteil hat mich mein ganzes Leben lang beschäftigt und wird mich vermutlich bis an mein Lebensende begleiten. Und deshalb sollte zumindest ein größerer Teil dieses Vortrags in meinem Lebensbericht nicht fehlen.

Eine Geschichte der Benachteiligung[5]

Die Benachteiligung und Unterdrückung von Frauen zeigt sich immer auf mehreren gesellschaftlichen Ebenen. Aber ganz besonders deutlich zeigt sie sich beim Thema Geld.

Wer zahlt, schafft an! Dieser Spruch ist so simpel wie wahr. Denn wer Geld hat, kann es zu Macht und Einfluss bringen, hat materielle Sicherheit und Unabhängigkeit. Gemeint ist damit natürlich nicht das »kleine« Geld, mit dem Frauen ganze Familien durch schlechte Zeiten brachten. Es geht vielmehr um das »große« Geld, mit dem Geschäfte finanziert und Handel getrieben wurde. Und das war und ist von jeher die Domäne der Männer.

Macht und Einfluss, materielle Sicherheit und Unabhängigkeit wurde Frauen über Jahrhunderte hinweg verwehrt. Die Geschichte von Frauen und Geld ist demnach eine Geschichte der systematischen Benachteiligung, der Unterdrückung und der weiblichen Enteignung. Über Jahrhunderte hinweg waren und blieben Frauen mit wenigen Ausnahmen unfrei und wirtschaftlich abhängig.

Im gesamten Mittelalter bis in die Neuzeit hinein standen Frauen bis auf wenige Ausnahmen unter Vormundschaft und waren in ihrer Rechts- und Handlungsfähigkeit einge-schränkt. Sie brauchten bei fast allen Rechtshandlungen einen gesetzlichen Vertreter. Frauen waren der Alleinherrschaft des Mannes unterstellt und wurden rechtlich gleichgestellt mit Sklaven, Vieh und Sachen. Aufgrund ihrer vermeintlichen Geschlechtsschwäche meinte man, dass sie bei wichtigen Ge-schäften einen Vormund benötigten.

Ausgenommen davon war die Zeit zwischen dem 13. und 15. Jahrhundert, in der Frauen mehr Rechte eingeräumt wur-den. Sie erlernten damals Berufe, organisierten sich in Zünf-ten. In den Städten waren Frauen generell von keinem Ge-werbe ausgeschlossen, zu dem ihre Kräfte reichten.

Aber: Es ist zu vermuten, dass es sich auch damals schon um das bekannte »Trümmerfrauen-Syndrom« gehandelt hat. Denn im Mittelalter herrschte gravierender Männermangel, bedingt durch Kreuzzüge, beschwerliche Handelsreisen und vor allem durch die Pest, durch die mehr Männer als Frauen starben.

Sehr bald gab es wieder die Tendenz, Frauen in die allei-nige Rolle der Hausfrau und Mutter abzudrängen. Ein Instru-ment dazu war unter anderem die Verfolgung selbstständiger Frauen als Hexen. Denn diese hatte auch einen deutlich wirt-schaftlichen Aspekt. Für eine Behörde war ein Hexenprozess der beste und schnellste Weg, Geld zu verdienen. Laut Gesetz fiel ihr der ganze Besitz einer hingerichteten »Hexe« zu. Des-halb gerieten reiche Witwen besonders leicht in den Verdacht, eine Hexe zu sein.

Die Diskriminierung bzw. die Vorstellung, dass Frauen nur eingeschränkt geschäftsfähig sind, ging in den folgenden Jahr-hunderten munter weiter.

Martin Luther und die Anatomie

Martin Luther zum Beispiel hatte zwar in seiner Ehefrau Katharina von Bora eine außergewöhnlich kluge und tüchtige Frau. Aber grundsätzlich meinte Luther, dass eine Frau häuslich zu sein und in der Öffentlichkeit nichts zu suchen habe. Denn das sei anatomisch bedingt. Er verwies dabei auf ihren dickeren Hintern und die breiteren Hüften, die sie zum Stillsitzen bestimmten.

(Und wer einen dicken Hintern hat, der kann natürlich keine Geldgeschäfte machen oder Handel betreiben. Für dicke Bierbäuche bei Männern gilt das aber offenbar nicht.)

Als im Jahr 1771 in Wien die Börse eröffnet wurde, hatte nur »alles männliche Volk« Zutritt. »Für Bankrotteure, Hunde, Behinderte und Frauen« war das Betreten der Börse verboten. In dieser Reihenfolge! Hundert Jahre später wurde das erste deutsche Börsengesetz verabschiedet. Und auch dieses enthielt wiederum das Zutrittsverbot für Frauen.

Dabei gab es zu allen Zeiten Frauen, die, wenn man sie denn ließ, unter Beweis stellten, zu welchen enormen Leistungen sie gerade im Finanzwesen fähig waren:

Banken entstanden zwar erst im 14. Jahrhundert. Aber lange zuvor schon fanden Geldgeschäfte statt, zum Beispiel im Geldwechsel, in Anleihe- und Kreditgeschäften und bei Verpfändungen. Diese Tätigkeiten übten auch Frauen aus. Frauen im Geldgeschäft waren zwar eine Minderheit, aber sie waren akzeptiert.

Schillernde Frauenkarrieren

Es gab sogar Frauen, die im Finanzbereich richtig berühmt wurden, wie zum Beispiel Gracia Nasi, die im 16. Jahrhundert eine der angesehensten Persönlichkeiten der damaligen Finanzwelt war. Oder Karoline Kaulla, die im 18. Jahrhundert lebte und durch ihren außerordentlichen Geschäftssinn so reich wurde, dass sie das Bankhaus Kaulla in Stuttgart gründen konnte.

Und dann Victoria Woodhull, eine schillernde und ungewöhnliche Frau des 19. Jahrhunderts und die erste Börsenmaklerin überhaupt. Aber nicht nur das. Sie engagierte sich in der Frauenbewegung, setzte sich besonders für wirtschaftliche Unabhängigkeit von Frauen ein, engagierte sich unter anderem gegen Kinderarbeit. Und obwohl Frauen damals noch nicht einmal das aktive Wahlrecht hatten, ließ sie sich in den USA als Präsidentschaftskandidatin aufstellen.

Die wenigen durch Geburt, Glück oder Geist begünstigten Frauen waren jedoch Ausnahmen, denn das wirtschaftliche Los aller anderen Frauen verschlechterte sich im 19. Jahrhundert.

Mit der Industrialisierung und dem Aufkommen der bürgerlichen Familie im 18. und vor allem im 19. Jahrhundert änderten sich die Rollen von Mann und Frau im häuslichen Bereich grundlegend. Bisher waren Frau und Mann beispielsweise in handwerklichen und bäuerlichen Betrieben aufeinander angewiesen. Beide Eheleute trugen zur Existenzsicherung bei. Ihre Arbeit wurde als gleichwertig angesehen. Von nun an aber wurde die Berufstätigkeit des Mannes außer Haus, mit der er Geld verdiente, höher bewertet als die unbezahlte Tätigkeit der Frau im Haus, für die sie allein zuständig war.

Eine eigenständige und dauerhafte Berufstätigkeit war zu dieser Zeit kein Lebensziel für eine verheiratete Frau. Es konnte zwar sein, dass sie arbeiten MUSSTE, weil der Lohn ihres Mannes nicht zum Leben reichte. Aber das Geld, das sie nach Hause brachte, galt immer nur als »Zubrot«, obwohl dieses zusätzliche Einkommen in Arbeiterfamilien nicht selten die Differenz zwischen Hungern und Sattessen ausmachte.

Warum August Bebel seiner Zeit voraus war

Die Rollenteilung zwischen dem Mann als Ernährer der Familie und der Frau als nicht erwerbstätige Hausfrau und Mutter setzte sich in weiten Teilen durch. Und damit verfestigte sich auch die wirtschaftliche Abhängigkeit der Frau, die außerdem rechtlich untermauert wurde.

In diesem gesellschaftlichen Umfeld sagte ein Mann im Jahre 1879, also vor 138 Jahren, etwas ganz und gar Revolutionäres: »Die Frau muss ökonomisch unabhängig sein, um es körperlich und geistig zu sein, damit sie nicht mehr von der Gnade und dem Wohlwollen des anderen Geschlechts abhängig ist.«

Der das sagte, war August Bebel, Mitbegründer der Sozialdemokratie und der erste Mann in Deutschland, der die Frauenunterdrückung öffentlich beschrieb und ihre Wurzeln aufzudecken versuchte. Er war damit seiner Zeit weit voraus. Nicht einmal heute, im 21. Jahrhundert, haben ja alle Frauen und Männer die Einsicht, wie wichtig es ist, finanziell unabhängig zu sein.

Im Jahr 1900 trat das Bürgerliche Gesetzbuch in Kraft. Und wiederum wurde dort, trotz massiver Proteste von Frauenrechtlerinnen, der Mann als Oberhaupt der Familie bestimmt, der die Entscheidungsbefugnis in allen familiären Angelegenheiten hatte. Und damit wurde dieses traditionelle Rollenmodell wiederum auf Jahrzehnte festgeschrieben.

Was zu damaliger Zeit Frauen alles zugemutet wurde, zeigt beispielhaft das Lehrerinnenzölibat. 1880 wurde dieses im Deutschen Reich per Ministererlass eingeführt. Es bedeutete, dass Lehrerinnen nicht heiraten durften. Taten sie es doch, wurden sie gekündigt. Sie verloren damit nicht nur ihre Arbeit, sondern auch jeglichen Anspruch auf ein Ruhegehalt.

Grundlage für das Lehrerinnenzölibat waren arbeitsmarktpolitische Aspekte und moralische Vorstellungen. Ein Leben lang berufstätig zu sein entsprach nicht der bürgerlichen Frauenrolle. Einer Doppelbelastung aus Beruf und Familie standzuhalten wurde Frauen nicht zugetraut. Zudem galten berufstätige Frauen als unnötige Konkurrenz auf dem Arbeitsmarkt. Erst im Mai 1957 wurde die sogenannte Zölibatsklausel für Lehrerinnen vom Bundesarbeitsgericht aufgehoben.

Deutschland war im Übrigen Schlusslicht in Europa, wenn es um das Recht von Frauen ging zu studieren. Hier argumentierte man, dass sie aufgrund ihres kleineren Gehirns nur eingeschränkte kognitive Fähigkeiten hätten. Außerdem prädestiniere sie ihre Natur als Gefühlswesen zur Mutter und Hausfrau. Erst 1900 konnten sich Frauen in Freiburg und Heidelberg immatrikulieren.

Während des Ersten Weltkrieges dann wurden Frauen für die Kriegsindustrie angeworben. Frauen fabrizierten in Heimarbeit Zelte, Taschen, Uniformen. Sie arbeiteten als Krankenschwestern. Sie fuhren Ambulanzfahrzeuge an der Front und leiteten Krankenstationen. Sie arbeiteten in Munitionsfabriken, Schiffswerften, fuhren Lastwagen und führten Flugzeuge.

Aber es war, wie es immer war. Nach dem Ende des Krieges wurden die Frauen wieder aus diesen Berufen verdrängt.

In der Weimarer Republik (1919 bis 1933) erlangten Frauen das Wahlrecht, nach langem Kampf und gegen viele Vorurteile. Es hieß, sie seien nicht gebildet und reif genug für die Ausübung des Wahlrechts.

Ein neues Frauenbild entstand, vor allem in den Medien: eine Frau, die sich ohne Korsett und komplizierte Frisur, stattdessen mit Bubikopf und kurzem Rock freier bewegen konnte, die selbstbewusst war, einen Beruf ausüben und in einer ebenbürtigen Beziehung leben wollte. Und trotzdem war die nicht berufstätige Ehefrau und Mutter weiterhin das verbreitete gesellschaftliche Ideal.

Die natürliche Ordnung der Verhältnisse

Der totale Rückschlag auf dem Weg zur Gleichberechtigung erfolgte dann von 1933 bis 1945. Die Nationalsozialisten propagierten in ganz Deutschland und Österreich eine Rolle der Frau, wie sie vor dem Ersten Weltkrieg ausgesehen hatte – die aufopferungsvolle Hausfrau und Mutter.

Emanzipation hingegen wurde nicht geduldet. Sie galt als Erfindung des »jüdischen Intellekts«. Eine echte Frau zeichnete sich durch Treue, Pflichterfüllung, Opferbereitschaft und Selbstlosigkeit aus. Berufstätigkeit sollte sie den Männern überlassen, den Versorgern und Beschützern der Familie. Die »natürliche« Aufgabe der Frau war es, möglichst viele Kinder zur Welt zu bringen. Waren es mindestens vier, bekam sie das Mutterkreuz für ihre Verdienste um das Vaterland. Ehemänner erhielten ein Ehestandsdarlehen, wenn die Ehefrau ihren Beruf zugunsten ihrer Familie aufgab.

Dabei waren es Frauen, die während und kurz nach den beiden Weltkriegen die Unternehmen am Leben erhielten. In den Fabriken an der Heimatfront waren sie unentbehrlich. Und als Trümmerfrauen leiteten sie den Wiederaufbau.

Das Bestimmungsrecht des Mannes bzw. die Bevormundung der Frau bestand noch bis zur Mitte des 20. Jahrhunderts. Daran änderte auch das von Frauen erkämpfte Wahlrecht und ihr Zugang zu den Universitäten erst einmal nichts. Nach dem Familienrecht des BGB entschied noch bis nach 1945 der Mann aufgrund »der natürlichen Ordnung der Verhältnisse« in allen das gemeinschaftliche Leben betreffenden Angelegenheiten. Die Frau hatte den Haushalt zu führen. Brachte sie in die Ehe eigenes Vermögen mit, so war Folgendes bis 1953 gültiges Recht: »Das Vermögen der Frau wird durch die Eheschließung der Verwaltung ihres Mannes unterworfen.«

Da half auch der 1949 in Artikel 3, Absatz 2 festgeschriebene Gleichheitsgrundsatz des Grundgesetzes »Männer und Frauen sind gleichberechtigt« nichts. Die ausführenden Bestimmungen im Gesetz zur Gleichstellung von Mann und Frau, mit denen sich die rechtliche Situation von Frauen fundamental veränderte, wurde erst 1958 in Kraft gesetzt, einzelne Bestimmungen sogar noch später geändert.

Nach der Teilung Deutschlands dann war es erklärtes familienpolitisches Ziel im Westen, sich gegen die DDR und die – wie es hieß – staatliche Indoktrination der Kinder zu positionieren. Dies geschah durch die Stärkung der traditionellen Familie (also Vater geht arbeiten, Mutter versorgt zu Hause die Kinder und betätigt sich allenfalls ehrenamtlich). Während also Mütter in der DDR nach einem Babyjahr wieder in Vollzeit erwerbstätig waren, was durch eine flächendeckende, kostenlose Kinderbetreuung möglich war, stützte man in der BRD das traditionelle Familienmodell mit großzügigen staatlichen Subventionen wie Ehegattensplitting, das allein- und gut verdienende Väter bevorzugt, und beitragsfreier Mitversicherung in der Krankenversicherung. Ein ausgedehntes Angebot öffentlicher Kinderbetreuungseinrichtungen hatte keine Priorität. Müttererwerbstätigkeit wurde als Gefährdung der Funktionserfüllung von Familie gesehen. Berufstätigen Frauen wurde Geltungsstreben vorgeworfen.

Das führte zu so absurden Äußerungen wie der des ersten Bundesfamilienministers Franz-Josef Wuermeling (CDU):

>*So ist die Mutter daheim, zumal der Vater weithin nicht daheim ist, heute noch vielfach wichtiger als früher. Eine Mutter daheim ersetzt vielfach Autos, Musiktruhen und Auslandsreisen, die doch allzu oft mit ihrer Kinder gestohlenen Zeit bezahlt wurden.*«[6]

Ist das nicht schön?

Die Abgrenzung von der Familienpolitik der DDR und natürlich auch die Folgen der Nazizeit führten dazu, dass Deutschland heute familienpolitisch mindestens vierzig Jahre hinter anderen Ländern zurück ist. Staatliche Subventionen, die den Ausstieg von Frauen aus dem Beruf belohnen, wie zum Beispiel das Ehegattensplitting, hat es in anderen Ländern nie gegeben bzw. wurden sie, wie in Schweden, schon vor fünfundvierzig Jahren abgeschafft.

Und dazu passt auch eine neuere OECD-Studie, aus der hervorgeht, dass in keinem Land Europas so viele Frauen Teilzeit arbeiten und Frauen so wenig zum Familieneinkommen beitragen wie in Deutschland.

Aber zurück zu meinem historischen Rückblick:

Die 70er-Jahre gelten als eine Zeit der Krisen und gesellschaftlichen und politischen Veränderungen. Der Kniefall Willy Brandts in Warschau, mit dem er Polen um Vergebung für deutsche Verbrechen bat, fand 1970 statt. Die Friedensbewegung gründete sich. Anti-Atomkraftbewegungen wurden aktiv.

Aber in der Diskriminierung von Frauen änderte sich erst einmal nichts.

Erst 1976 wurde das Leitbild der Hausfrauenehe aufgegeben und durch ein partnerschaftliches Leitbild ersetzt. Für die Nachkriegszeit bedeutete dies, dass die Hausfrauen- und Versorgerehe nach wie vor das gültige, vom Gesetzgeber festgeschriebene Leitbild der Ehe war und damit die Aufgabenverteilung innerhalb der Ehe festschrieb.

Es gab kaum Möglichkeiten für Frauen, eigenes Geld zu verdienen. Eine Erwerbstätigkeit durfte sie nur mit Zustimmung des Mannes ausüben. Zum Beispiel legte erst das neue Scheidungsrecht von 1977 offiziell fest, dass ein Mann seiner Frau die Berufstätigkeit nicht mehr verbieten darf – und den Job auch nicht mehr in ihrem Namen kündigen kann. Nicht einmal ein Bankkonto konnte eine Frau ohne Einwilligung ihres Mannes eröffnen.

Die Diskriminierung von Frauen trieb mitunter auch in den 70er-Jahren noch bizarre Blüten, zum Beispiel in der Begründung, warum Frauen für bestimmte Berufe nicht geeignet sind und welch schreckliche Folgen Karriere für Frauen hat.

In der Münchner Stadtchronik von 1978 ist Folgendes vermerkt:

»Im Werkausschuss wird die einst ins Auge gefasste In-
itiative der Stadt, dreißig weiblichen Lehranwärtern eine
Ausbildung in technischen Berufszweigen bei den Elektri-
zitätswerken zu ermöglichen, mit der Stimmmehrheit der
CSU zu Fall gebracht. Die Stadträte stützen sich dabei auf
Aussagen des Betriebsarztes der Stadtwerke, der erklärt,
weil der ›Daumen der weiblichen Hand kürzer, der Zeige-
finger aber länger‹ ist als beim Mann, seien weibliche Lehrlinge im gewerblich-technischen Bereich nicht geeignet.«[7]

Und noch ein Highlight: Dr. med. Müller-Limmroth, Professor an der Technischen Universität München, untersuchte
1980 die Auswirkungen von Karriere und dem damit verbundenen Stress auf Frauen. In einer mir vorliegenden Studie
kam er zu folgendem Ergebnis:

»Weil die stressbedingte, verstärkte Ausschüttung von ACTH
auch die Nebennierenrinde zur vermehrten Abgabe von sog.
Androgenen veranlasst, d. h. von Hormonen mit vermänn-
lichenden Wirkungen bei gleichzeitiger Hemmung derjeni-
gen Hormone in der Hirnanhangdrüse, die die Entwicklung
der Keimdrüsen herbeiführen, kann das bei Frauen zu einer
Vermännlichung führen (Gesichtsausdruck, Geheimrats-
ecken, Damenbart, Rückbildung der Brust, männliche Be-
haarung, derbe Haut, tiefe Stimme, Maskulinisierung des
äußeren Genitals). Weil die Hormone der Keimdrüsen die
Cortisolwirkungen kompensieren können, andererseits die
Keimdrüsentätigkeit mit dem Alter abnimmt, folgt daraus,
dass die vermännlichende Wirkung der unter Stress stehen-
den Frau jenseits des dreißigsten Lebensjahres von Jahr zu
Jahr leichter zu erzielen ist.«[8]

So weit mein Vortrag. Es folgt ganz klar: Mit dickem Hintern, kleinerem Gehirn und dann noch einem kürzeren Daumen und der verheerenden Auswirkung von Stress auf den Hormonhaushalt kann man keine Karriere machen. Deshalb blieben den Frauen weiterhin nur Küchenstühle statt Chefsessel. Selbst verdientes statt vom Mann zugewiesenes Geld war damit natürlich auch hinfällig.

Um zu Geld zu kommen, blieb für Frauen höchstens die alte Aschenputtel-Strategie: Heirate einen reichen Mann, dann bist du deine Sorgen los! Auch mir war das ja ins Leben mitgegeben worden; zum Glück ist mein Lebensweg ganz anders verlaufen.

Das erschreckende Fazit meiner Recherche: Über Jahrhunderte hinweg mussten Frauen sich unterwerfen, verbiegen, sich behandeln lassen, als wären sie eine Minderheit oder Randgruppe – und nicht die Hälfte der Menschheit!

Ist es bei dieser Historie ein Wunder, dass sich Frauen besonders beim Thema Geld anders verhalten als Männer? Dass sie sich immer noch eher für das »kleine« Geld zuständig fühlen als für das »große«? Dass der Gedanke, Geld nicht nur zu haben, sondern es auch zu vermehren, geschickt anzulegen, ihnen eher fremd ist?

Trotz all dieser massiven Widerstände haben wir Frauen viel erreicht in den letzten Jahrzehnten. Aber auf Fortschritte folgen in der Geschichte immer Rückschritte, denn die Privilegierten lassen ungern freiwillig von ihren Privilegien, sagte die Feministin Alice Schwarzer einmal.

Der Rückschritt aber, den wir aktuell verzeichnen müssen, ist außergewöhnlich und höchst beunruhigend. Von Russland über Polen und Ungarn bis zur Türkei regieren in unserer eigentlich aufgeklärten und fortschrittlichen westlichen Welt scheinbar plötzlich Männer eines Typus, von dem man eigentlich gehofft hatte, dass er ausgestorben sei. Ihre Tiraden richten sich unter anderem gegen emanzipierte Frauen. Überall in Europa erstarken rechtspopulistische Parteien, die wieder von der Frau am Herd träumen, ein Abtreibungsverbot fordern und die »natürliche Geschlechterordnung« wiederherstellen wollen, was immer das auch sein soll. Deutschland müsse wieder »seine verlorene Männlichkeit zurückfinden«[9], fordert Björn Höcke von der AfD, und im Europaparlament äußerte der polnische Abgeordnete Janusz Korwin-Mikke: »Natürlich müssen Frauen weniger verdienen als Männer, denn Frauen sind schwächer, sie sind kleiner und sie sind weniger intelligent.«[10] Vor hundert Jahren mag dieses Denken normal gewesen sein, aber 2017? Da verschlägt es einem doch wirklich die Sprache, oder? Mir stellt sich da die Frage, wo soll man anfangen, auf einen solchen Unsinn zu antworten?

Und was ist mit den Frauen? Irritierend ist, dass sich offenbar nicht nur die Privilegierten gegen Fortschritte wehren, sondern auch die Frauen selbst. Oder wie sollen wir es sonst verstehen, dass 53 Prozent der weißen amerikanischen Frauen Trump gewählt haben?

Es sind nicht nur Männer, die den türkischen Präsidenten Erdoğan oder den russischen Präsidenten Putin großartig finden.

Auch hierzulande gibt es zu denken, dass gerade unter gut ausgebildeten Frauen in Großstädten ein sogenannter »Backlash« zu beobachten ist, ein Rückschritt in traditionelle Rollenmuster, ungeachtet aller gesellschaftlichen Veränderungen. Aber diesmal nicht – wie in vergangenen Zeiten – gesellschaftlich und politisch gewollt und durchgesetzt, sondern freiwillig.

Dabei sollten wir doch wissen: Rückwärts gerichtete Politik führt erfahrungsgemäß immer zur Beschränkung von Frauenrechten! Vielleicht rüttelt uns dieser massive Rückschritt wieder wach und zeigt uns, dass wir für das, was wir erreicht haben, wieder kämpfen müssen. Wir alle: Junge und Alte, Frauen und Männer.

Denn wie angeblich schon Molière gesagt haben soll, sind wir nicht nur verantwortlich für das, was wir tun, sondern auch für das, was wir lassen.

Wir Frauen müssen also die volle Verantwortung für unser Leben übernehmen. Nur so befreien wir uns aus der unwürdigen Opferrolle und können unser Leben nach eigenem Gutdünken gestalten.

Sich aus der unwürdigen Opferrolle befreien – genau das war eine der Forderungen, mit denen wir in der Frauenbewegung vor Jahrzehnten angetreten sind. Für mich gehört es zur Würde eines Menschen, nicht abhängig zu sein von einem Partner oder vom Fortbestand einer Ehe, einer Lebensgemeinschaft. Es lohnt sich, dafür zu kämpfen.

Sag mir, wo die Männer sind …

Keine Frage, beruflich war ich sehr erfolgreich. Glück mit Männern aber war mir bisher nicht beschieden. Ich verstand es nicht wirklich, inzwischen hatte ich ja meine eigenen Karten neu gemischt, langsam musste es doch auch wieder Perspektiven für mich geben. Natürlich war ich nicht mehr die Jüngste, aber die Vorstellung, das letzte Drittel meines Lebens allein zu verbringen, fand ich nicht sehr reizvoll. Es ging mir nicht darum, mit jemandem zusammenzuleben, nochmals eine Ehe einzugehen – ich stellte mir eher getrennte Wohnungen und gemeinsame Unternehmungen vor. Jeder sollte sich seine eigene Freiheit bewahren, aber nicht, ohne Verantwortung für den anderen zu übernehmen. Hing ich da einer Illusion nach? Hatten Männer nicht einen ähnlich verständlichen Wunsch?

Einige Zeit nach meiner Scheidung lernte ich Simon kennen. Wir waren uns auf Anhieb sympathisch.

Simon war seit Jahrzehnten geschieden und lebte seitdem allein. Unübersehbar hatte er dadurch schon einige Eigenheiten entwickelt, ich mochte ihn trotzdem. Man konnte mit ihm herrlich diskutieren, über Gott und die Welt. Wir hatten auch ähnliche Interessen, liebten politisches Kabarett, Kleinkunst, Low-Budget-Opern im Kulturzentrum Pasinger Fabrik.

Im Laufe der Zeit entwickelte sich eine tiefe Beziehung.

Mehrmals verbrachten wir einige Tage in Wien mit seinen herrlichen Kunstdenkmälern und eleganten Kaffeehäusern, die uns beiden so gut gefielen.

Simon fuhr auch gern mit mir auf meine Hütte. Er war handwerklich geschickt und fand es toll, dass es dort immer irgendetwas zu tun gab. Mal war ein Brett am Zaun lose, mal mussten dürre Äste zu Kleinholz gesägt werden. Er suchte ebenso gern Schwammerl wie ich, im Wald nebenan gab es jede Menge Pfifferlinge. Bei der Urbarmachung meines Grundstücks half er tatkräftig mit. Zum Dank dafür lud ich ihn dann in einen Landgasthof ein, wo es regionale Köstlichkeiten gab.

Bei einem dieser Essen erlebten wir eine andere, nicht so schöne Seite Österreichs. Neben unserem Tisch war eine lange Tafel gedeckt, an der etwa vierzehn Personen saßen, offenbar eine Familie. Wie es schien, wurde gefeiert, dass ein junger Mann zum Bundesheer, wie es in Österreich heißt, einberufen worden war.

Während einer unserer Gesprächspausen hörte ich, wie der junge Mann laut sagte: »Ja, und wenn es mir langweilig wird, dann lese ich wieder in *Mein Kampf*.« *Mein Kampf*??? Ich dachte, ich höre nicht recht!

Die Verwandtschaft aber war begeistert. Eine ältere Frau, offenbar die Tante, rief ein ums andere Mal: »Braver Bub, braver Bub …«

In Österreich im Jahre 2016 will also ein junger Mann Hitlers *Mein Kampf* lesen, und die ganze Familie ist begeistert!

Uns blieb das Essen im Hals stecken. Vermutlich könnte man so etwas auch in einem deutschen Gasthaus erleben, und wir wussten ja, dass Kärnten unter dem früheren Landeshauptmann Jörg Haider weitgehend stramm rechts gewesen war und Haider nach seinem Unfalltod wie ein Held verehrt wurde und immer noch wird. Dass man sich aber öffentlich zu so einer Gesinnung bekannte, das schockierte uns doch zutiefst. Uns schmeckte das Essen jedenfalls nicht mehr, wir verließen das Lokal.

Eine Zukunft ohne mich

Mit Simon hätte es schön sein können. Aber er ließ mich in einen Teil seines Lebens nicht hinein: Seine Familie lebte in einem Haus in München. Und dort verbrachte er jeden Sonntag. Die Verwandtschaft war anscheinend riesig, denn da wurde ständig irgendwas gefeiert, immerzu hatte irgendwer Namenstag, Geburtstag oder ein Kind wurde geboren, getauft, gefirmt. Ich aber wurde weder eingeladen noch wollte er mich dorthin mitnehmen.

Ich hatte Simon sehr gern. Um ihn nicht zu verlieren, ließ ich mich auf das alles ein, auch wenn es mich ständig kränkte. Wenn ich ihn zur Rede stellte, blockte er ab, wollte nicht darüber reden.

Und dann, nach vielen Jahren, hatten wir eine heftige Diskussion. Es ging darum, wie wir uns das Alter, den Ruhestand vorstellten. Simon war das Gespräch sichtlich unangenehm, er wich aus. Ich verstand sein Verhalten nicht, bei Menschen unseres Alters lag es doch nahe, sich über den letzten Lebensabschnitt Gedanken zu machen. Als ich ihn sehr verunsichert fragte, ob ich denn in der Planung für seinen Ruhestand überhaupt eine Rolle spielte, schaute er mich an und sagte eiskalt: »Nein.« Mich traf fast der Schlag. Nach fünfzehn Jahren Beziehung teilte er mir mit, dass er ganz offensichtlich Pläne hatte, in denen ich keine Rolle spielte!

Das Gespräch fand in einem Lokal bei einem Abendessen statt. Ich ließ das Essen stehen, stand auf und fuhr nach Hause. Von da an habe ich ihn nicht mehr gesehen, hörte aber, dass er zu Ex-Frau, Sohn und dessen Familie gezogen war. Das traf mich bis ins Mark. Ich war es ihm nicht einmal wert gewesen, offen und ehrlich mit mir darüber und über seine Wünsche und Bedürfnisse zu sprechen. Aber rückblickend wurde mir auch klar, dass ich längst etwas hätte merken können. Bei einigen Vorfällen hätten die Warnlichter angehen sollen. Wieder einmal hatte ich weggeschaut, wieder einmal auf Wunder gehofft. Wurde ich denn nie gescheiter?

Unverhoffte Begegnung

Mir ging es nach dem Ende dieser Beziehung sehr schlecht. Ich haderte damit, dass ich offenbar keine liebevolle, tragfähige und dauerhafte Beziehung haben konnte. Und natürlich fragte ich mich, was denn mit mir ist, dass sich Männer mir gegenüber so verhalten.

Und in dieser Zeit der erneuten Selbstzweifel traf ich in der Hohenzollernstraße eine Frau, mit der ich vor dreißig Jahren befreundet gewesen war. Christine, Psychoanalytikerin in eigener Praxis. Eine attraktive, zierliche Frau mit ausdrucksvollem Gesicht und dunklen Locken. Wir hatten uns vor vielen Jahren aus den Augen verloren, freuten uns beide über die unverhoffte Begegnung und gingen mit dem Versprechen auseinander, uns demnächst auf einen Kaffee zu treffen. Zu Hause schaute ich mir ihre Website an und da stand, dass sie keine Langzeittherapien mehr anbot, sondern nur noch Krisenintervention und Kurzzeittherapien. Ich war ganz aufgeregt, das war genau das, was ich jetzt brauchte! Ich wollte, wie immer, den Dingen auf den Grund gehen und suchte dafür fachliche Hilfe. Und zu Christine hatte ich großes Vertrauen.

Väter als Täter

Ein paar Tage später, ich weiß es noch wie heute, ging ich in einer großen Münchner Buchhandlung fast schlafwandlerisch zum Ratgeberregal und stand plötzlich vor dem Buch *Täter-Väter: Väter als Täter am eigenen Kind* von Heidi Kastner, der leitenden Gerichtspsychiaterin im Fall Fritzl.[11] Dieser Fall hatte weltweit Aufsehen erregt: Ein Vater hatte seine Tochter vierundzwanzig Jahre lang im Keller eines Wohnhauses im österreichischen Amstetten gefangen gehalten und mehrere Kinder mit ihr gezeugt. Die Mutter wusste angeblich nichts davon.

Ich musste mich hinsetzen, mir war schlecht und schwindlig. Und auf einmal sah ich es ganz klar vor mir: Die Liebe meines Vaters zu mir war wirklich keine reine Vaterliebe, da gab es eben noch etwas anderes. Nun ergab auch endlich ein Gespräch Sinn, das ich vor vielen Jahren auf der Beerdigung meines Bruders mit einer Cousine geführt hatte. Ich hatte sie lange nicht gesehen und fand das, was sie sagte, damals mehr als merkwürdig. Sie sprach davon »wie seeehhhr« mein Vater mich geliebt habe. Er habe mich mehr geliebt als meine Mutter. Sie sagte das mit so einem eigenartigen Unterton, etwas anzüglich sogar. Ich konnte das damals überhaupt nicht einordnen, aber in den folgenden Jahren tauchte dieses Gespräch immer wieder in meinen Gedanken auf. Und jedes Mal hatte ich heftige körperliche Reaktionen, Gänsehaut, Kopfweh, Schwindel. Genau wie jetzt, nachdem ich das Buch entdeckt hatte.

Und nun fiel mir auch eine Erklärung dafür ein, dass mir immer wieder in all den Jahren, in den unterschiedlichsten Momenten, ein Regulator in den Sinn kam, eine Wanduhr, wie sie im Schlafzimmer meiner Eltern gehangen hatte. Denn wie war das noch, als mich mein Vater zu sich ins Bett geholt hatte – sonntags, wenn meine Mutter zur Kirche ging? Immer wieder hatte er auf diese Uhr, den Regulator, geschaut. Bestimmt, um nicht wieder überrascht zu werden, wie damals, als meine Mutter ihn mit einer anderen Frau erwischte …

Später, als ich größer war und mit meiner Mutter in die Kirche gehen musste, trat an die Stelle des Schlafzimmers das Bienenhaus. Meine Mutter hat es kaum jemals betreten. Eine Viertelstunde musste man bis dorthin laufen. Und da mein Vater als Bienenzüchter überall anerkannt war, schien es völlig unverdächtig, mich dorthin mitzunehmen. Was im Bienenhaus tatsächlich passiert ist zwischen uns, weiß ich nicht mehr. Ich weiß nur, dass ich jedes Mal, wenn mir das Bienenhaus in den Sinn kommt, Gänsehaut am ganzen Körper bekomme. Und ich weiß noch, dass ich stets mit ansehen musste, wie er im Freien pinkelte, weil es im Bienenhaus keine Toilette gab – all das hatte ich über Jahrzehnte vehement verdrängt.

Nach Sigmund Freud ist Verdrängung ein ganz fundamentaler Abwehrmechanismus, der dem Menschen das seelische Überleben ermöglicht, denn sie hält bedrohliche oder tabuisierte Vorstellungen und Erfahrungen vom Bewusstsein fern.

Aber ich wollte nun nicht mehr verdrängen. Ich war sicher, dass meine Männergeschichten etwas mit meiner nicht normalen Vaterbeziehung zu tun hatten. Und ich wollte wissen, verstehen und damit abschließen.

Die Begegnung mit Christine war ein Wink des Schicksals. Sie war bereit, mich in Therapie zu nehmen – und dies anzunehmen war eine weitere gute Entscheidung in meinem Leben.

Wie vom Donner gerührt

Schon nach wenigen Sitzungen, in denen ich von meinen bisherigen Männerbeziehungen erzählte, sagte die Therapeutin zu mir: »Da gibt es einen roten Faden: Alle Männer, mit denen du in deinem Leben längere Beziehungen hattest, haben offenbar ein Doppelleben geführt.«

Ich war wie vom Donner gerührt. Ja, natürlich, das war es! Wie es oft so ist, hatte ich immer nur die einzelnen Beziehungen gesehen, aber nicht das Verbindende. Und die Verbindung vom Doppelleben der Männer zu meinem Vater war dann nicht mehr weit. Auch er hatte ja eine Art Doppelleben geführt, mit seiner »besonderen«, heimlichen Beziehung zu mir, seinem Kind.

Und ich hatte in meinem Leben das wiederholt, was ich zu Hause erlebt hatte. Weil ich nichts anderes kannte, suchte ich mir unbewusst die Männer aus, die das häusliche Drama fortsetzten. Und die Männer suchten mich, weil sie mit mir an ihrer Seite weiter ungestört in ihren Parallelwelten leben konnten.

Mit dieser Erkenntnis eröffnete sich für mich ein zweites Mal eine Chance, mit meinen verdrängten Erlebnissen ins Reine zu kommen. Die Therapeutin führte mich feinfühlig an das heikle und so lange tief in mir verschlossene Thema »Vater und Missbrauch« heran. Bald sollte ich auch dieses Kapitel abschließen können.

Glück und Geld
fallen nicht vom Himmel

Seit mein Erfolg nicht mehr zu übersehen ist, erlebe ich Neid in allen Facetten – vor allem bei Frauen. Und diese Facetten sind vielfältig. Gern werden sie verpackt in einen Satz wie: »Du hast eben Glück gehabt.« Dazu fällt mir eine sehr passende Anekdote ein: Jemand sagte angeblich einmal zu Gary Player, einem der besten Golfspieler aller Zeiten, er habe wohl viel Glück gehabt. »Ja«, antwortete er daraufhin, »und je mehr ich trainiere, desto mehr ›Glück‹ habe ich.«

Mich ärgert das Gerede vom Glück, denn wer meine Lebensgeschichte kennt, müsste eigentlich wissen, dass das nicht stimmt, dass mir nichts geschenkt wurde, dass ich schwer zu kämpfen hatte, immer wieder auch gegen Ängste und Selbstzweifel, aber auch, dass ich einfach sehr, sehr hart gearbeitet habe.

Sehr häufige Ausdrucksformen von Neid sind auch Bemerkungen wie: »Ach, haben Sie wieder ein Büchlein herausgebracht?« Bei dem »Büchlein« handelte es sich um einen Finanzratgeber für Frauen mit 240 Seiten.

Ein paarmal erzählte ich im Bekanntenkreis (es waren alles Frauen), wenn ich mal wieder in eine Fernsehsendung eingeladen war. Nach diesen Sendungen gab es dann kritische Kommentare zu meiner Kleidung oder darüber, dass ich zu viel mit den Armen gefuchtelt hätte, aber nie zum Inhalt meiner Aussagen. Dabei war ich ja eingeladen worden, weil ich etwas zu sagen habe.

Seitdem erwähne ich kaum mehr, wenn interessante Sachen anstehen, wenn wieder einmal ein Fernsehteam anreisen will, um mich beispielsweise zur Altersarmut von Frauen oder zur Macht oder Ohnmacht von Frauen bei ihrem Zugang zu Geld zu befragen.

Zum Glück gibt es auch andere Freundinnen. Meine langjährige Freundin Katharina, Volkswirtin und Supervisorin, kann sich beispielsweise herzerwärmend mit mir freuen, über meine Erfolge und über die Anerkennung, die mir jetzt, in diesem Lebensabschnitt, zuteilwird.

Bei Männern bin ich eher vorsichtig. Denn ich habe die Erfahrung gemacht, dass erfolgreiche Frauen bei vielen Männern nicht gut ankommen. Ich habe oft erlebt, dass sich zwar Männer gern mit mir unterhalten, aber näher kennenlernen möchten sie mich dann doch lieber nicht.

Ganz neue Glücksgefühle

Mit Freude stellte ich fest, dass Markus eine Familie gründen wollte. Ich empfand es als großes Glück, dass er eine Frau gefunden hatte, die für ihn »passte«. Und somit passte sie auch für mich. Aber sie gefiel mir zudem auch noch sehr: eine hübsche und nette Ingenieurin, bodenständig, tüchtig und nicht sehr konsumorientiert. Ich freute mich riesig, zumal ziemlich schnell klar war, dass die beiden ein Kind wollten. Ich sollte also Oma werden!

Wieder einmal zog ich Resümee. Unsere Firma lief bestens. Sie war mittlerweile einiges wert, was mich ungemein stolz machte. Ich war durch das Geschäft zwar nicht reich, aber wohlhabend geworden. Ich konnte mir vorstellen, noch bis ins hohe Alter tage- oder stundenweise in unserem Büro zu arbeiten. Nach der vielen Arbeit der vergangenen Jahre kann ich jetzt die Früchte ernten.

Gesundheitlich war nach der Scheidung und dem Wirbelbruch alles in Ordnung. Ich esse gesund, bewege mich viel und lasse mich überwiegend homöopathisch behandeln. Die Naturheilkunde ist meins: Will mich ein Arzt zu klassischen medizinischen Therapien überreden – die bei schweren Krankheiten natürlich unverzichtbar sind –, stelle ich das erst einmal in Frage. Ich glaube nicht alles, was er sagt, was aber auch daran liegt, dass ich mit naturheilkundlichen Verfahren beste Erfahrungen gemacht hatte. Mein Hund Benny wurde mit homöopathischen Mitteln und einem angeborenen Herzfehler mehr als sechzehn Jahre alt, und keiner kann mir weismachen, das hätte mit dem Placeboeffekt oder der freundlichen Tierärztin zu tun gehabt. Benny war die Tierärztin egal gewesen, Hauptsache, er durfte die Praxis möglichst schnell wieder verlassen.

Ein neuer
Lebensabschnitt beginnt

Ich bin gesund und ziemlich fit, arbeite auch immer noch. Trotzdem hatte ich mir eine Seniorenresidenz angeschaut, das Augustinum, und bereits 2015 einen Vorvertrag für eine Zweizimmerwohnung abgeschlossen. Mittlerweile bin ich dort eingezogen. Neben vielen Annehmlichkeiten bietet das Augustinum auch eine Pflegeversicherung, die garantiert, dass man bis zum Lebensende in der eigenen Wohnung gepflegt wird. Das begeistert mich und verschafft mir das wunderbare Gefühl, bei allem, was noch auf mich zukommen mag, versorgt zu sein. Ein Gefühl, das ich so noch nie in meinem Leben hatte.

Schon länger hatte ich mir überlegt, aus meinem alten Haus auszuziehen und es meinem Sohn zu überlassen. Für eine Familie ist es mit dem schönen Garten perfekt, für mich wurde es von Jahr zu Jahr eine größere Belastung. Mir gefiel die Vorstellung, dass einmal Kinderlachen dieses Haus erfüllen würde. Dass ich nach der Scheidung in diesem Haus wohnen geblieben war, machte auf einmal doppelt Sinn.

Außerdem wollte ich keine Mutter sein, die von ihrem Sohn erwartet, dass er später einmal ihre Pflege übernimmt. In unserer Gesellschaft gibt es so viele Modelle, um Kinder nicht mit diesem letzten Lebensabschnitt zu überfordern, von der häuslichen Pflege bis zu Alterswohngemeinschaften. Noch immer zögern viele diese Entscheidung hinaus, denken, das sollen die Kinder regeln, wenn es denn mal so weit ist. Nein, Kinder sollten das nicht regeln, so etwas würde ich Markus nie zumuten wollen. Ich habe in Tausenden von

Beratungen immer wieder gehört, wie Pflege eine Familie zerstören kann. Pflege ist Schwerstarbeit. Sie gehört deshalb in professionelle Hände. Ich meine, die Verantwortung für diesen Teil des Lebens sollte jeder selbst übernehmen, im Voraus Entscheidungen treffen. Das Alter bringt unweigerlich Veränderungen mit sich, deshalb ist es wichtig, sich freiwillig und noch selbstbestimmt mit dem Unvermeidlichen auseinanderzusetzen.

Auch sonstige Vorkehrungen wie eine Patientenverfügung und eine Vorsorgevollmacht habe ich bereits getroffen. Mit all diesen Entscheidungen wurde mir natürlich äußerst bewusst, dass ich nun tatsächlich meine letzte Wegstrecke vor mir habe, das ist auf einmal sehr greifbar geworden. Aber es liegt mir nicht, in tiefe Grübeleien zu versinken. Ich werde sterben, das ist nun mal so, daran ist nichts zu ändern. Und damit muss ich mich auseinandersetzen, um am Ende nicht überrascht zu werden.

In den Todesanzeigen lese ich immer häufiger von Verstorbenen – es werden immer mehr – aus meinem Jahrgang, um 1940, 1941 geboren. Damit kein falscher Eindruck entsteht: Ich habe schon immer gern Todesanzeigen gelesen, weil man manch ungewöhnliche Geschichte dahinter entdecken kann. Etwa wenn ein Ehemann und Vater stirbt, die Familie eine Todesanzeige aufgibt und in der Anzeige daneben die Lebensgefährtin oder Freundin den gleichen Toten betrauert.

Wenn es einmal so weit sein wird, will ich auf dem Münchner Waldfriedhof bestattet werden. Als dieser 1899 errichtet wurde, hatte der damalige Baurat ein völlig neues Friedhofskonzept entworfen, das wegweisend für viele Friedhöfe in ganz Europa wurde. Wie der Name schon verrät, sollten die Grabstätten in einem bestehenden Wald angelegt werden, die

Pfade eher Waldwegen ähneln. Dazu gibt es einen See, Wiesen und andere Biotope – der Friedhof ist wunderschön! Mir gefällt die Vorstellung, inmitten von Natur zu liegen, nicht zwischen abgezirkelten Rabatten.

Erst hatte ich mich mit dem Gedanken eines Urnengrabs angefreundet, doch als ich Markus davon erzählte, gefiel ihm das überhaupt nicht. »Ich würde es schöner finden«, sagte er, »wenn es eine Grabstelle gibt, mit einem Stein, auf dem dein Name zu lesen ist und dann eines Tages auch mein Name und der meiner Frau.« Ich verstand, was er mir damit hatte sagen wollen. Mein Name und sein Name – für ihn bedeutet es Verbundenheit und Zugehörigkeit, es bedeutet Familie. Und diesen Wunsch will ich ihm gern erfüllen.

Zum Verlieben ist es nie zu spät

Einmal im Vierteljahr gibt es im Augustinum eine Art Stammtisch für diejenigen, die sich dort angemeldet haben, aber noch nicht dort wohnen. Diesen besuchte ich Ende November 2016 und lernte dabei einen Mann kennen. Er war mir schon bei einem vorherigen Stammtisch aufgefallen. Groß, mit guter sportlicher Figur und einem markanten Gesicht – er gefiel mir. Aber wir waren damals nicht ins Gespräch gekommen. Nun saßen wir gemeinsam an einem Tisch und unterhielten uns darüber, wie wir uns das Leben in diesem Stift vorstellten. Als die Runde zu Ende war, begleitete er mich nach draußen und fragte, ob er mich nach Hause fahren dürfe.

»Nein, das ist nicht nötig«, erwiderte ich, »ich bin selbst mit dem Auto gekommen.«

In diesem Moment fand ich mich ein wenig unhöflich, wollte gerade etwas Nettes sagen, um den Kontakt nicht so abrupt zu beenden, als mein Begleiter fragte: »Kann ich Sie denn wenigstens zu Ihrem Auto bringen?« Gern willigte ich ein.

Als wir unser Ziel erreicht hatten und ich dabei war, mich hinters Steuer zu setzen, wagte er noch einen weiteren Vorstoß, fast schüchtern: »Wir könnten ja mal was zusammen unternehmen. Wie wäre es zum Beispiel mit dem Christkindlmarkt am Chinesischen Turm im Englischen Garten?« Das fand ich nett.

Am Tag der Verabredung rief er an:

»Das Wetter ist zu schlecht, um draußen herumzuspazieren. Und es soll im Laufe des Tages noch schlechter werden. Ich schlage vor, wir verlegen den Treffpunkt, ich würde Sie gern zu einem Essen auf dem Tollwood einladen.«

Mir war es recht. Das Winter-Tollwood ist so etwas wie ein alternativer Weihnachtsmarkt, eine Art Zelt- und Budenstadt mit tollen Konzerten und vielen Veranstaltungen zu ökologischen Themen, mit diversen Möglichkeiten, Leckeres zu essen, von bayerisch bis indisch.

Am Abend wurde es tatsächlich sehr ungemütlich, es regnete und der Wind peitschte schwere Tropfen an die Kleidung, da bot auch ein Regenschirm kaum Schutz.

»Ich habe gesehen, es gibt hier ein Zelt, in dem man marokkanisches Essen bekommt. Das würde mich interessieren. Da müssen wir aber auf Holzbänken sitzen.«

»Ist das schlimm?«, fragte ich.

Mein Begleiter lachte nur.

Das Essen schmeckte gut, Couscous mit Hähnchen, wir redeten über dieses und jenes, bis mein Gegenüber mit einem Mal schwieg.

»Ist etwas nicht in Ordnung?«, fragte ich vorsichtig nach.

»Doch, alles ist wunderbar, aber ich muss Ihnen was gestehen. Ich habe meinem Sohn von Ihnen erzählt«, sagte er. »Und er hat vorgeschlagen, Sie mal zu googeln …« Ach herrje, dachte ich. »Und als ich dann las, was Sie alles auf die Beine gestellt haben, war ich so erschrocken, dass ich zu ihm sagte: ›Das kommt nicht in Frage, das ist nicht meine Kragenweite. Die verkehrt vermutlich nur mit Prominenten.‹ Aber dann habe ich eine Nacht darüber geschlafen, und am nächsten Morgen dachte ich: Das ist auch nicht richtig, nur wegen solchen Vermutungen den Kontakt abzubrechen, wenn mir diese Frau gefällt.« Er lächelte verschmitzt. »Und dann überlegte ich mir einen Test, ich wollte Sie auf die Probe stellen …«

»Und da riefen Sie an«, unterbrach ich ihn, »und luden mich aufs Tollwood ein. Sie dachten sich, wenn die mit aufs Tollwood geht und auf einer Bierbank sitzt und Couscous isst, kann es nicht so schlimm sein.«

Wir mussten beide lachen, das hatten wir geschafft. Danach intensivierte sich unsere Bekanntschaft. Wir unternahmen Spaziergänge mit Milli, besuchten Konzerte. Paul – inzwischen duzten wir uns – hatte Humor, wir lachten viel und hatten richtig Spaß.

Nach der Trennung von Simon war ich eigentlich so weit gewesen, endgültig mit dem Kapitel »Männer« abzuschließen. Und dann lernte ich ausgerechnet in einer Seniorenresidenz einen liebenswürdigen Menschen kennen, der keinesfalls eine jüngere Freundin wollte, dem Falten egal waren. Das war bemerkenswert und gefiel mir sehr gut. Ich verliebte mich, mit 76 Jahren, wie ein junges Mädchen. Und ich erlebte, dass starke Gefühle keine Frage des Alters waren.

Wir malten uns aus, wie es wäre, wenn wir beide ins Augustinum einziehen würden. Jeder von uns hätte eine eigene Wohnung mit jeweils zwei Zimmern, wir würden gemeinsam essen, etwas unternehmen, aber ansonsten würde jeder seinen eigenen Dingen nachgehen, seine Wohnung als privaten Rückzugsort haben. Ein Freund hatte mir mal gesagt: »In einer Beziehung ist es ganz wichtig, dass man eine Tür hat, die man hinter sich zumachen kann.« Das kann ich nur unterstreichen. Ich bin sowieso jemand, der viel Freiraum braucht, und ich bin es inzwischen gewohnt, allein zu leben und zu arbeiten. Auf gar keinen Fall will ich noch einmal mit jemandem den Alltag teilen – ich will gemeinsam schöne Dinge erleben, solange es noch möglich ist.

Und doch tauchten bald Schwierigkeiten auf. Es waren Schwierigkeiten, von denen alle Paare betroffen sind, bei denen einer der Partner weiterhin arbeiten möchte, der andere aber spontan etwas unternehmen will. Natürlich wollte ich auf Dauer meine Arbeit reduzieren, aber da sie ein wesentlicher Teil meines Lebens war und ist und mir immer viel Freude gemacht hatte, war es mir unmöglich, ganz auf sie zu verzichten. Was aber hieß, dass ich nicht am Morgen aufwachen und mir überlegen konnte: Wie schön, die Sonne scheint, jetzt packe ich meine Sachen zusammen und fahre an den Gardasee. Und genau das wurde zu unserem Problem. Ich hatte Termine, Vorträge, die ich schon Monate vorher zugesagt hatte, ich bekam neue Einladungen, die ich annehmen wollte. Ich hatte meine Mission noch längst nicht erfüllt, aus diesem Grund konnte mich spontanes Verreisen wenig locken.

Wir setzten uns noch einmal zusammen und besprachen all

diese Dinge. Es war ein schmerzhaftes, aber faires Gespräch und zweifellos notwendig. Für ihn hatte das Reisen eine große Bedeutung, er hatte Angst, etwas zu versäumen. Er hatte viel freie Zeit – ich nicht. Natürlich ist es nicht gerade üblich, in meinem Alter noch zu arbeiten, aber ich hatte mir gewünscht, dass ein Partner Verständnis dafür hat, sieht, wie wichtig mir diese Arbeit ist. Urlaubsreisen konnten nicht aufwiegen, was ich über viele Jahrzehnte lang an Wissen aufgebaut hatte und weitergeben wollte. Kreuzfahrten nach Fuerteventura oder Sri Lanka sind keine wirklichen Aufgaben, jedenfalls nicht für mich. Sie wären erholsame Pausen, aber als Dauerzustand könnte ich mir ein solches Leben nicht vorstellen.

Mir fiel ein, was ich öfter in Vorträgen und Diskussionen zu hören bekommen hatte: »Sie sind für mich ein Vorbild dafür, dass man auch noch in einem höheren Alter seinen Alltag anders als allgemein üblich gestalten kann. Sie haben mich da sehr ermuntert, einen anderen Weg zu gehen.« Nicht jeder muss so viel arbeiten, wie ich es tue, überlegte ich weiter, aber es sollte nicht vergessen werden, dass Arbeit einen Sinn gibt, eine Struktur, und dass sie zu Dingen anregt, auf die man sonst vielleicht nicht gekommen wäre. Bei vielen Rentnern hatte ich beobachtet, dass sie sich nicht mehr weiterentwickelten, weil ihnen die Herausforderungen fehlten.

Die relativ kurze Beziehung zu Paul war wichtig für mich gewesen. Sie hatte eine Tür geöffnet und mir gezeigt, wie schön es immer noch sein kann, mit einem Partner etwas zu unternehmen, sich auszutauschen, füreinander da zu sein. Und wie schön es immer noch ist, zu lieben und geliebt zu werden. Und weil diese Tür aufgegangen ist, kann nun auch noch viel Neues passieren.

Ein kleines Wunder

Inzwischen haben Markus und seine Partnerin geheiratet. Sie wollten kein großes Fest, eigentlich wollten sie nur zum Standesamt gehen und unterschreiben. Aber das war mir für mein einziges Kind dann doch zu schlicht.

Dennoch wurden nur die engsten Verwandten eingeladen, insgesamt waren wir zehn Personen. Ich sorgte dafür, dass es ein schönes kleines Fest wurde. Ich suchte in einem bekannt guten, denkmalgeschützten Gasthaus ein besonderes Menü aus. Und für den etwa einen Kilometer langen Weg vom Standesamt zum Gasthaus bestellte ich fünf Fahrrad-Hochzeitsrikschas, in denen je zwei von uns sitzen konnten. Es waren die üblichen Fahrradrikschas, aber extra mit Blumen und Luftballons geschmückt. Das war meine Überraschung, niemand hatte etwas geahnt, und alle waren begeistert. Auf der Fahrt blieben die Leute überrascht stehen – Hochzeitsrikschas sieht man nicht alle Tage –, winkten und riefen dem Brautpaar Glückwünsche zu. Es wurde ein wunderschöner Tag!

Und noch ein weiteres Abenteuer erwartet mich – das Dasein als Großmutter. Und dann war es so weit: Mein Enkel kam auf die Welt. Mir ging erst da auf, welch wunderschöne Redensart das ist: »auf die Welt kommen«. Mein Enkel, ein kleines Wunder und natürlich das schönste Baby auf der ganzen Welt. Ich war zutiefst bewegt und bin von ganzem Herzen bereit, ihn und seine Eltern bei seinem Aufwachsen zu unterstützen.

Ein neuer Lebensabschnitt beginnt

Im März 2018 bin ich ins Augustinum umgezogen. Nun beginnt wieder ein neuer und sicherlich interessanter Abschnitt meines Lebens. Zeit für ein Resümee: Wenn ich zurückblicke, kann ich ehrlich sagen, dass ich zufrieden bin mit dem, was ich erreicht habe. Vieles war schön, manches war hart, ich habe auch schwierige Situationen gemeistert. In vielen Fällen würde ich wieder so und nicht anders handeln.

Wenn ich auf mein nun schon langes Leben zurückschaue, dann waren es besonders zwei Erkenntnisse, die für mich von Bedeutung waren:

Zum einen habe ich gelernt, nicht darauf zu warten, dass andere etwas für mich tun. Ich vertraue nicht auf mein Glück, sondern nehme die Dinge selbst in die Hand. Ich weiß, dass ich etwas erreichen kann, dass aber nichts passiert, wenn ich nicht selbst etwas tue. Und dass dazu auch gehört, dass ich mich aktiv um Hilfe bemühe, wenn ich allein nicht weiterkomme.

Zum anderen habe ich von Jugend an gesehen, wie wichtig es für Frauen ist, eigenes Geld zu haben. Es ist meine tiefe Überzeugung, dass es zur Würde eines Menschen gehört, nicht abhängig zu sein von einer Partnerschaft oder Lebensgemeinschaft.

Deshalb hoffe ich, dass mein Lebensbericht dazu beiträgt, dass Frauen nach der Lektüre ihr Leben selbst in die Hand nehmen und ihre eigenen Ziele und Wünsche nicht aus den Augen verlieren.

Was hält das Leben noch für mich bereit?

»It's so nice to have a man around the house«, heißt ein berühmter Song der Jazz-Ikone Eartha Kitt aus den 6oer-Jahren, der mir besonders gut gefällt.

Roswitha Broszath, Heilpraktikerin und Astrologin, die seit über dreißig Jahren für *Brigitte* die Horoskope erstellt, meinte, als ich mit ihr über meine letzte Beziehung sprach: Dieser Mann sei noch nicht der Richtige gewesen, ich würde noch jemanden kennenlernen. Das klang hoffnungsvoll, und weil ich ja in meinem Leben immer Hoffnungen gehegt habe, bin ich inzwischen wieder zuversichtlich.

Und denke dabei an den berühmten Spruch, der unter anderem Oscar Wilde zugeschrieben wird:

»Am Ende ist alles gut, und wenn es noch nicht gut ist, dann ist es noch nicht das Ende.«[12]

Es ist noch nicht das Ende, sondern – vielleicht – ein Anfang!

Anmerkungen

1. Jutta Limbach: *»Wahre Hyänen«. Pauline Staegemann und ihr Kampf um die politische Macht der Frauen*, Berlin 2016
2. Gertrud Oheim: *Die gute Ehe. Ein Ratgeber für Mann und Frau mit vielen Zeichnungen und Abbildungen*, Gütersloh 1959
3. Helge Pross: *Gleichberechtigung im Beruf? Eine Untersuchung mit 7000 Arbeitnehmerinnen in der EWG*, Frankfurt am Main 1973
4. *»Zuhause für die Seele«* in: *Der Spiegel* 44/2017, 28.10.2017
5. Für diesen Vortrag habe ich unter anderem die folgenden Quellen genützt: Franz Baltzarek: *Die Geschichte der Wiener Börse. Öffentliche Finanzen und privates Kapital im Spiegel einer österreichischen Wirtschaftsinstitution*, Wien 1973; August Bebel: Die Frau und der Sozialismus, Berlin 1879/1964; Becker, Bovenschen, Brackert u.a.: *Aus der Zeit der Verzweiflung. Zur Genese und Aktualität des Hexenbildes*, Frankfurt 1977; Anke Domscheit-Berg: »Familienpolitik in Ost- und Westdeutschland und ihre langfristigen Auswirkungen«, Publikation der Heinrich Böll-Stiftung 2016, https://www.boell.de/de/2016/11/09/familienpolitik-ost-und-westdeutschland-und-ihre-langfristigen-auswirkungen; Irene Gerlach: »Geschichte und Leitbilder, Entwicklungen in der Bundesrepublik«, Publikation der Bundeszentrale für politische Bildung 2009, http://www.bpb.de/izpb/8047/familienpolitik-geschichte-und-leitbilder?p=all; Marie-Francoise Hans: *Frauen und Geld. Die Geschichte einer Eroberung*, Hamburg 1990; Hexenverfolgungen in der Neuzeit, auf www.frauenwissen.at; Jack Holland: *Misogynie. Die Geschichte des Frauenhasses*, Leipzig 2007; Janine Katins-Riha: »Zum 150. Geburtstag: Zwischen Literatur

und Kitsch. Die Autorin Hedwig Courths-Mahler«, Publikation des Literaturportal Bayern 2017, https://www.literaturportal-bayern.de/redaktionsblog?task=lpbblog.default&id=1373; Horand Knaup: »OECD-Ländervergleich. Warum Frauen in Deutschland so wenig verdienen«, *Spiegel Online* 18.02.2017; Marlene Kück (Hrsg): *Der unwiderstehliche Charme des Geldes*, Reinbek 1988; Kristina Maroldt: »Koalition gegen Frauen« in: *Brigitte* 3/2017; Marianne Pitzen (Hrsg.): *MONETA. Frauen & Geld in Geschichte und Gegenwart*, Bonn 2010; Johanna Regnath / Christine Rudolf (Hrsg.): *Frauen und Geld – Wider die ökonomische Unsichtbarkeit von Frauen*, Roßdorf 2008; Dr. Anja Schüler: »Bubikopf und kurze Röcke«, Publikation der Bundeszentrale für politische Bildung 2008, http://www.bpb.de/gesellschaft/gender/frauenbewegung/35265/weimarer-republik; Arnulf Zitelmann: »*Widerrufen kann ich nicht*«. *Die Lebensgeschichte des Martin Luther*, Weinheim 1997; »Victoria Woodhull«, Wikipedia

6. Franz-Josef Wuermeling: *Familie – Gabe und Aufgabe*, Köln 1963, S. 73f.

7. *Münchner Stadtchronik*, 28.09.1978

8. Prof. Dr. Wolf Müller-Limmroth: *Arbeit und Stress*, Studie der Technischen Hochschule München 1980

9. Zitiert nach *Zeit Online*, 25.01.2017

10. Zitiert nach *Spiegel Online*, 14.03.2017

11. Heidi Kastner: *Täter-Väter: Väter als Täter am eigenen Kind*, Wien 2009

12. Möglicherweise war es auch John Lennon, der diesen Satz prägte, oder Fernando Sabino: »No fim, tudo dá certo. Se não deu, ainda não chegou ao fim«, aber das übersteigt meine Rechercheressourcen. Es ist auf jeden Fall ein sehr kluger Satz!

Wir haben uns bemüht, alle Rechteinhaber ausfindig zu machen, verlagsüblich zu nennen und zu honorieren. Sollte uns dies im Einzelfall aufgrund der schlechten Quellenlage bedauerlicherweise einmal nicht möglich gewesen sein, werden wir begründete Ansprüche selbstverständlich erfüllen.